든든하게 보관해
두고 먹는 61가지

피클·장아찌
수첩

김치를 담글 것이 아니라면, 무 한 개를 다 먹기까지 꽤 시간이 걸린다. 무만의 이야기는 아니다. 양배추도 그렇고, 묶음으로 파는 다다기오이도 그렇다.

결코 식재료를 해치워 버리려고 하는 의도만은 아니지만, 냉장고를 열 때마다 큰 공간을 차지하고 있는 이런 채소들을 볼 때면 마음이 무거워지는 것도 사실이다. 하루하루 신선도는 떨어질 테고, 마음은 무거워지고 있을 때쯤…….

우리에게는 저장음식이라는 유용한 아이템이 있다. 말 그대로 저장해 두고 먹는 음식인데, 그 원리는 이렇다. 재료의 신선도를 떨어뜨리는 요인 중 하나인, 식재료 속 수분을 높은 농도의 매개체로 빼내는 것이다. 그 매개체는 소금일 수도 있고, 식초일 수도 있으며, 간장, 설탕, 젓갈일 수도 있다.

한 번 귀찮을지 모르지만, 만들어 놓으면 얼마간은 편하게 먹을 수 있는 피클과 장아찌.

입맛 없을 때 밥을 물에 말아서 곁들여 먹으면, 언제 내가 입맛이 없었는지 기억조차 안 나는 신기한 음식이 바로 피클과 장아찌다.

계절마다 제철 재료를 착한 가격에 구입해서 식초로 맛을 낸 맑은 피클, 간장으로 맛을 낸 간장피클, 신맛이 적은 장아찌로, 혹은 장을 이용한 박이로 만들어보자.

요령만 알아둔다면 반찬 중 최고 효자인 피클, 장아찌의 달인이 되는 것은 군제도 아닐 것이다.

지은이 용동희

CONTENTS

chapter 03

—

오일 피클

chapter 04
—
간장 피클

CONTENTS

chapter

01

—

피클

&

장아찌란?

—

피클&장아찌란?

　냉장고처럼 저온으로 오랫동안 음식을 보관할 수 있는 저장공간이 없고, 식품을 오랫동안 보관하는 기술이 부족했던 시절에 식품을 저장하기 위해 만들었던 것이 젓갈, 장아찌, 박이 등이다. 처음에는 순수하게 식자재 보존 목적으로 만들었지만, 시간이 지나면서 독특한 맛 덕분에 점차 별도의 식재료로 취급되기 시작했고 이후 하나의 음식으로 자리매김하였다.

　서양 음식문화가 일반화된 요즘, 피클이라는 단어는 매우 익숙한 음식명이 되었는데 햄버거나 피자가 널리 보급되면서 곁들이는 음식으로 한몫을 하고 있다. 피클의 보존 원리는 pH를 낮춰 미생물의 번식을 억제하는 것이다. 소금이 미생물을 흡수하면서 식품 보존성을 높인다면, 식초는 아예 미생물이 자라지 못하게 만드는 역할과 더불어 맛의 풍미를 더한다. 피클은 서양식 김치라고 할 수 있는데 고기를 많이 먹는 서양인들이 만든 저장음식이다. 새콤달콤하면서 향신료로 향을 낸 채소 절임이라고 보면 된다.

　이에 반하여 장아찌란 사계절이 있는 우리나라에서 1년에 한 차례만 나오는 농산물이 많고, 겨울에 장기 보관하는 방법이 발달하면서 생긴 음식이며 주로 간장이나 소금으로 절인다. 장아찌는 단지 소금기를 통한 부패 방지의 기능뿐만 아니라 장류가 지닌 독특하고 고유한 깊은 맛이 배어 있다는 점에서 다른 저장음식들과 구별이 된다. 재료를 소금물, 간장, 식초 등의 용액에 넣어 탈수시켜 세포의 기능을 잃게 한 후 된장, 고추장 등 장류에 넣어 발효시키는 원리에 의해서 만들어진다. 소금물에 절여서 삭히면 재료에 있는 수분이 빠져나와 탈수작용을 유발하고, 원형질을 분리시켜 양념이 빠르게 조직 내로 침투하도록 하는 것이다. 또한 염분이 스며들면 효소에 의한 소화작용이 촉진되어 유효 미생물이 번식함에 따라 발효가 진행되는데, 장류에 장시간 절여지면서 유해한 미생물의 생육이 억제되어 장기간 보존이 용이하게 되는 것이다. 옛날에는 비타민 섭취가 부족하기 쉬운 겨울철 반찬으로 그 역할을 하였다. 특히 이렇게 절인 장아찌를 물기를 뺀 후 된장이나 고추장에 넣어 저장하는 식품을 박이라고 하는데 물기가 빠지고 장의 맛이 배어 깊고 진한 맛이 난다.

하지만 요즘은 피클, 장아찌, 박이의 경계가 모호해지고 서로 믹스된 형태로 저장음식을 만들어 먹는다. 장아찌는 발효된 맛에 중점을 두고 신맛과 단맛이 적은 반면, 피클은 아삭거리는 식감과 새콤달콤한 맛에 주안점을 둔 음식이라 보면 될 것이다. 또한 박이는 장에서 비롯되는 깊은 맛이 난다.

계절별 저장식품 계획하기

    계절마다 가장 맛이 좋고 영양가가 높은 제철 채소가 있기 마련이다. 물론 가격도 저렴하다. 이런 제철 재료를 이용하여 피클, 장아찌를 만든다면 맛, 영양, 경제적인 측면에서도 더 좋을 것이다. 각 계절에 따라 피클과 장아찌를 만들기 좋은 재료를 알아두자.

봄	김, 달래, 마늘, 참죽나무순, 마늘종, 더덕, 마늘, 산초, 살구
여름	뽕잎, 양파, 노각, 깻잎, 감잎, 복숭아, 오이, 참외
가을	감잎, 고들빼기, 고춧잎, 단풍콩잎, 동아, 무말랭이, 무, 무청, 배춧잎, 북어, 우엉, 연근
겨울	김, 굴비, 도토리묵, 전복, 파래, 홍합, 두부

피클, 장아찌의 기본재료

    피클과 장아찌를 만들기 위해 기본적으로 필요한 재료들을 알아보자. 재료마다 종류가 다양해서 알쏭달쏭했다면 종류별로 차이점을 확실히 숙지하여 피클과 장아찌를 만드는 데 사용하면 좋을 것이다. 물론 어떤 재료가 가장 맛이 좋다는 기준은 없다. 기본적인 내용을 알고 자신에게 맞는 재료를 선택하면 되는 것이다.

• 식초

식초는 크게 양조식초와 합성식초로 나뉜다.

양조식초는 다시 천연양조식초와 합성양조식초로 나뉘는데, 천연양조식초는 현미, 옥수수, 보리, 흑미 등 곡물이나 감, 사과, 토마토 등의 과일을 1차 발효시켜 술을 만든 후 2차 발효를 한다. 숙성에 걸리는 시간은 적어도 2~3개월 정도다. 이렇게 만든 현미식초와 감식초, 사과식초 등이 천연양조식초다. 합성양조식초는 원재료에 알코올 상태인 곡물의 주정을 넣고 초산 발표시키거나 효모를 주입하여 단기간에 양조하는 방법으로 만든 식초다.

합성양조식초는 아세트산에 당류, 화학조미료 등을 가미한 것으르 빙초산이 그 대표격이다. 업소에서 대량으로 식초가 필요할 때 또는 단무지나 피클을 만들 때 주로 사용하지만, 가정에서의 사용은 권장하지 않는 식초다.

• 소금

소금은 만드는 방법과 가공법에 따라 다양하게 분류할 수 있다.

천일염은 갯벌에 바닷물을 가두어 자연 증발시킨 것으로 칼슘이나 마그네슘, 아연, 칼륨과 같은 무기질을 풍부하게 함유하고 있다.

정제염은 바닷물을 전기분해해서 염화나트륨을 얻은 후 불순물을 제거한 소금을 말하며, 짠맛만 남아 있다. 맛소금은 소금을 보송보송하게 방습처리하고 표백하여 L글루탐산나트륨을 첨가하여 만든 소금을 말한다. 암염은 염전에서 바닷물이 증발하여 생긴 소금 덩어리를 말한다. 꽃소금은 천일염을 물에 녹여 불순물을 제거하고 다시 가열하여 수분을 증발시키는 방식으로 제조한 것이다. 가열하면서 무기질은 제거되고 염화나트륨만 남게 되며 입자가 매우 고운 것이 특징이다. 구운 소금은 천일염을 800℃ 이상의 열을 가해서 굽거나 볶아낸 소금이다. 죽염은 소금을 대나무에 넣고 구워서 천연 약성을 돋운 소금으로 소금의 불순물이 빠져나가며 중금속이 배출되고 짠맛도 덜하게 된다.

• 간장

간장은 용도에 따라 크게 국간장, 진간장, 양조간장으로 분류할 수 있다.

국간장은 조선간장이라고 불린다. 콩 100%로 만든 메주와 천일염으로 장을 담그고 1개월이 지난 후 메주와 간장으로 분리한다. 간장을 참숯과 고추, 솔가지 등과 함께 넣어 3~6개월간 자연숙성시켜 만든 간장이다. 단맛이 적고 짠맛이 강하며 쿰쿰한 향이 특징이다.

진간장은 국간장을 5년 이상 자연숙성시켜 색이 더 진해지고 단맛이 나는 간장이다. 일명 묵은 간장이라고 불리지만 실제로 유통되고 있는 진간장은 양조간장에 콩에서 얻은 단백질을 화학적으로 분해해 만든 산분해간장을 혼합해 만든 간장이 대부분이다. 감칠맛과 달짝지근한 맛이 강하고 염도가 낮다.

양조간장은 흔히 왜간장이라고 하며 콩에 밀을 섞은 후 6개월 이상 발효숙성시킨 간장이다. 숙성과정을 거치면서 알코올 향이나 각종 휘발성 물질에 의해 독특한 맛과 향이 생긴다. 열을 가하는 요리에 사용하면 이 향과 맛이 더욱 살아난다.

• 설탕

음식의 단맛을 내는 감미료 중 가장 일반적인 것이 설탕이다. 단맛이 날 뿐만 아니라 음식에 광택을 내며, 보습, 방부의 역할을 한다.

백설탕은 정백당이라고도 하며, 가장 일반적으로 사용되는 설탕류다. 입자가 작은 고순도의 설탕으로 뒷맛이 남지 않는다. 황설탕은 백설탕이 생산된 후 몇 번 더 정제과정을 거치면서 열이 가해져 황색을 띠게 된다. 특유의 풍미를 가지고 있으며 열에 의해 원당의 향이 살아 있다. 흑설탕은 당밀을 분리하지 않은 함밀당으로 불순물을 많이 포함하고 있다. 사탕수수의 즙액을 그대로 졸여 만들기 때문에 미네랄과 비타민이 보존된다고 하지만, 실제로 유통되고 있는 흑설탕은 흰설탕을 가열함으로써 색이 짙어진 갈색을 띤 유색설탕이다.

•향신료

월계수 : 잎만 식용이 가능하다. 잎을 제외한 다른 부분은 독성분이 있어 사용이 불가능하다. 매운맛을 내며 잡냄새를 없애준다.

후추 : 짜릿한 매운맛과 상큼하면서 자극적인 향이 특징이다. 흰색, 초록색, 분홍색, 검은색 후추가 혼합된 제품이 많이 판매되고 있는데, 다른 향신료보다 부담 없이 다양하게 활용할 수 있어 좋다.

로즈메리 : 살균, 소독, 방충작용이 있는데 이러한 효능의 과학적 근거를 몰랐던 옛날에도 병마를 물리치는 것으로 알려져왔다. 로즈메리 향기는 두통을 가라앉히고 기억력과 집중력을 높여준다고 한다.

정향 : 유일하게 꽃봉오리를 쓰는 향신료로 자극적이지만 상쾌하고 달콤한 향이 특징이다.

파슬리 : 줄기는 풍미가 있어 향신료로 탁월하다는 평가를 받는데 후추, 월계수잎과 섞어서 쓰면 소스의 풍미를 더욱 좋게 해

준다.

딜 : 잎은 깃털같이 생겼고 녹색을 띤 푸른색이다. 전통적으로 유럽에서는 오이피클의 맛을 내는 데 딜의 잎을 사용했다.

바질 : 머리를 맑게 하고 두통을 없애는 효과가 있다.

피클, 장아찌 만들기의 기본

1. 저장용기 소독살균

끓는 물에 병을 소독한 후 엎어서 잘 건조시켜 준비한다.

2. 재료준비

재료는 알맞은 크기로 자른다. 파프리카, 고추, 피망과 같이 표면에 매끈한 막이 있는 채소는 이쑤시개로 쿡쿡 찔러 구멍을 내두면 촛물이 속까지 고루 스

며들 수 있다. 콜리플라워나 연근과 같이 단단한 채소는 데쳐서 준비하고, 무와 같이 수분이 많은 재료는 소금으로 절인 후 사용해도 좋다.

3. 피클물, 장아찌물 만들기

원하는 배합의 피클물, 장아찌물을 만든다. 설탕이나 소금과 같이 가루분이 녹을 정도로 한소끔 끓이는데, 너무 많이 끓이면 식초의 신맛이 날아가므로 주의하도록 한다.

4. 저장용기에 재료 넣고 피클물, 장아찌물 붓기

소독살균한 용기에 재료를 넣고 맛과 향을 더해주는 향신료를 넣는다. 마트에서 검은 후추, 정향, 계피, 커민, 고수 등을 섞어놓은 피클링 스파이스를 판매하

고 있는데, 굳이 이 제품을
사지 않더라도 월계수잎과
약간의 허브만 더해도 쉽게
맛을 낼 수 있다.

　피클물, 장아찌물은 뜨거
운 상태에서 넣을지, 식힌

상태에서 넣을지 결정하여 붓는다. 재료가 다 잠기도록 붓는 것이
가장 좋지만, 재료가 위로 뜰 수 있으므로 위에 누름돌이나 작은
그릇을 올려두는 것도 방법이다.

　진하고 깊은 맛을 위해 중간에 피클물, 장아찌물을 한 번 더 끓
여서 붓는 경우도 있다. 이때는 반드시 끓인 피클물, 장아찌물을
식힌 후 다시 부어야 한다.

5. 밀봉하기

　오랫동안 보관하면서 먹
는 저장식품이다보니, 뚜껑
부분을 단단하게 밀봉해주
어야 한다. 선물용이나 오
랜 시간이 지난 후 먹을 경
우는 진공상태로 만들고

(피클, 장아찌 보관하기 참고), 집에서 바로 먹을 경우는 완전히 식힌 후 뚜껑을 닫는다. 이때 병에 이름과 만든 날짜를 기입해두는 습관을 들이는 게 좋다.

6. 숙성시키기

병에 담은 피클은 상온에서 1~2일 정도 숙성시킨 후 냉장보관한다. 보통 1~3일, 단단한 재료는 1주일가량 숙성시킨 후 먹는다. 냉장보관하면 1~2개월은 너끈히 두고 먹을 수 있다.

피클, 장아찌 보관하기

피클과 장아찌는 오랫동안 보관하며 먹는 저장용 음식이다 보니, 보관하는 용기도 중요하다. 플라스틱보다는 유리병을 사용하고, 끓는 피클물, 장아찌물을 부을 때 온도 차이로 유리병이 깨지지 않도록 병 조림전용 병을 사용하는 것이 좋다. 알맞은 저장용기 사용법을 알아보자.

1. 유리병은 처음부터 물에 넣고 끓여서 3~5분간 소독한다. 병
   뚜껑은 안에 실리콘 링이 늘어날 수 있으므로 끓이지 말고 준
   비하는 동안 뜨거운 물에 담가 둔다.

2. 깨끗한 면보 위에 유리병을 엎어 놓고 물기를 말린다.

3. 내용물을 유리병 입구 1cm 아래 높이까지 담고, 젓가락으로
   휘휘 저어 공기를 빼준다. 병 가장자리에 이물질이 묻지 않도
   록, 될 수 있으면 마른 면보로 닦아준다.

4. 진공상태를 만들기 위해서는 피클 병이 완전히 식기 전에 소독한 뚜껑을 닫는다. 행주 위에 엎어서 올려놓는다.(피클물, 장아찌물이 완전히 식기 전에 뚜껑을 다시 여는 듯 확인하면 안 된다. 완전히 밀폐되지 않은 상태에서 고무링을 움직이면 그 안으로 공기가 들어가게 된다.)

5. 병이 식으면서 완전 진공상태로 밀폐되는 순간 '딱!' 소리가 난다. 완전히 밀폐된 병조림은 시원하고 어두운 곳에 두면 1년 이상 보관할 수 있다.

선물하기 노하우

한 번에 많은 양을 만들게 되는 피클은 주위의 지인에게 나눠주기 좋은 아이템이다. 예쁘게 포장하여 마음을 전해보도록 하자.

1. 1인용 테이크아웃 용기가 있다면 피클, 장아찌 이름을 스티커에 써 붙여 2단 또는 3단으로 포장하여 투명한

비닐팩에 담는다. 이때 피클, 장아찌는 모두 숙성되어 바로 먹을 수 있는 정도의 것을 담는다.

2. 자그마한 유리병에 피클, 장아찌를 넣고 천으로 포장을 한다. 정사각형 천 가운데에 유리병을 올리고, 천을 위로 모아 고무줄로 묶는다. 고무줄 위쪽 천을 뒤집어 동그랗게 만든 후 다시 한 번 고무줄로 묶는다. 네임태그를  걸어 피클, 장아찌 이름이나 만든 날짜를 기입해두면 좋다.

3. 넉넉한 양의 피클은 큰 저장용기에 담아서 가운데에 종이를 둘러 한 번 더 고정시킨다. 종이 위에 간단한 편지를 써 넣으면 작은 선물에 큰 기쁨을 선사할 수 있다.

Q&A

• 재료는 데쳐서 넣나요?

: 보통 재료는 날것 그대로 비슷한 크기로 잘라 넣지만 연근, 콜리플라워, 콩과 같이 단단한 재료는 한 번 가볍게 데쳐 넣어도 좋아요.

• 저장용기는 어떤 것이 좋은가요?

: 오래 두고 먹는 음식이기 때문에 보관방법이 중요합니다. 뜨거운 피클물, 장아찌물을 부어야 하므로 플라스틱보다 내열 유리로 된 저장용기가 좋아요. 끓는 물로 소독하고 물기를 완전히 말린 후 내용물을 넣어주세요.

• 피클물, 장아찌물을 끓여서 부어야 하나요?

: 보통 끓인 상태에서 뜨거울 때 붓게 되지만 꼭 끓이지 않아도 돼요. 끓이지 않으면 재료가 아삭한 식감이 나며, 절여지는 시간이 조금 오래 걸려요. 반면, 끓여서 붓게 되면 재료가 쫄깃한 식감이 나며 절여지는 시간이 짧아지지요. 원하는 식감에 따라 선택하세요.

• 며칠 후 피클물을 끓여서 다시 부어야 하나요?

: 중간에 국물만 따라 끓인 후 다시 부으면 진한 맛의 피클이 되죠. 하지만 꼭 다시 끓여 넣을 필요는 없어요. 다시 끓여 부을 때는 꼭 식혀서 넣어야 한다는 점 잊지 마세요!

• 열흘이 지났는데도 고추가 삭지 않으면?

: 고추가 푹 잠겨 있는지 확인해보세요. 고추가 장아찌물 위로 떠오르지 않게 무거운 물건으로 눌러주어야 합니다.

• 장아찌 위에 하얀 이물질이 생겼는데 어떡하죠?

: 삭힌 음식은 오래 두면 종종 위에 곰팡이가 생기는데 이물질을 걷어내고 국물을 팔팔 끓여 식힌 후 다시 부으면 돼요.

• 설탕은 꼭 백설탕을 써야 하나요?

: 과실로 피클을 담글 땐 흑설탕이나 황설탕을 써도 좋아요. 특유의 향이 더해지고, 꿀 같은 질감이 나지요. 하지만 채소 피클은 백설탕을 사용해야 재료 고유의 향과 맛이 잘 살아나요.

• 사과식초를 써도 되나요?

: 사과식초나 포도식초처럼 향이 있는 과일식초보다 향이 적은

현미식초를 쓰는 것을 추천합니다. 재료 고유의 맛을 느끼려면 아무래도 어떤 맛도 들어가지 않은 식초를 선택하는 것이 좋겠지요?

• 향신료는 취향껏 넣으면 되나요?

: 물론 입맛에 맞게 넣는 것이 가장 중요하지만 갖가지 허브를 가지고 있는 경우가 많지는 않지요. 여러 향신료가 섞여 있는 제품을 사용해도 좋지만, 월계수잎과 통후추 정도만 있어도 충분히 맛을 낼 수 있어요. 여기에 가지고 있는 향신료를 추가해 가며 맛과 풍미의 변화를 느껴보세요.

• 향신료는 피클물에 넣어 끓여야 하나요?

: 향신료를 피클물에 넣어 끓여도 좋고, 저장용기에 재료를 담을 때 넣어도 상관없어요.

• 오일피클의 오일은 피클을 다 먹은 후 다른 요리에 사용해도 되나요?

: 오일피클에 사용한 오일은 재료의 향과 맛이 배어 있어서 더욱 맛이 좋습니다. 볶음, 무침, 샐러드 등에 사용하면 좋아요.

• 먹고 남은 간장물은 버리나요?

: 피클이나 장아찌를 먹고 남은 간장물은 새콤달콤하여 전이나
부침을 찍어먹는 양념장이나 혹은 비빔국수의 양념으로 사용
하면 제격이에요.

chapter

02

—

맑은

피클

—

오이피클

보관 기간 1개월
보관 장소 하루 상온보관 후 냉장고
먹는 시점 2일 후

· · · · · 오이는 95%가 수분으로 이루어져 있어 갈증해소에 좋다. 등산 갈 때 오이를 챙겨 가는 이유도 바로 이 때문이다. 또한 칼륨도 많이 들어 있어서 우리 몸에 쌓인 나트륨과 함께 노폐물을 몸 밖으로 배출시키는 역할을 한다. 노폐물 배출 시 수분도 함께 빠져나가기 때문에 부종을 낫게 하는 효과도 있다. 이뇨작용에도 효과가 있고 숙취해소에도 좋아서 술을 마시고 오이를 먹으면 소변과 함께 알코올 성분이 배출되어 숙취가 풀린다. 단, 오이를 섭취할 때 주의할 점은 오이에 비타민 C를 파괴하는 아스코르비나제가 들어 있기 때문에 다른 채소와 함께 조리하면 좋지 않다. 다른 채소와 같이 조리할 때는 식초, 레몬즙 등을 조금 넣어주면 아스코르비나제의 활동을 억제할 수 있다.

여기서 사용하는 오이는 백오이로 다다기오이, 조선오이라고도 한다. 중부지방에서 주로 재배하는 품종으로서 취청오이보다 저온에 견디는 힘은 약하지만 고온에 견디는 힘이 강한 편이어서 봄, 가을 재배에 적합하다. 저장성이 좋기 때문에 오래 두고 먹는 오이지, 피클 등과 같은 절임 요리에 사용하면 좋다.

tip

· **재료**
다다기오이·풋고추 2개씩, 홍고추 1개, 월계수잎 2장, 통후추 10알
피클물▶ 물·식초 1컵씩, 설탕 1/2컵, 소금 2작은술

· **만드는 법**
❶오이는 0.7cm 두께로 링 모양으로 자르고, 풋고추와 홍고추도 링 모양으로 자른다. ❷저장용기에 오이, 고추, 월계수잎, 통후추를 넣고 분량의 피클물을 한소끔 끓인 후 붓는다. ❸완전히 식힌 후 뚜껑을 닫고 상온에 하루 정도 둔 후 냉장보관한다.

채소스틱피클

보관 기간   1개월
보관 장소   하루 상온보관 후 냉장고
먹는 시점   1주일 후

· · · · · 고구마는 알칼리성 식품으로 인체의 나트륨을 소변과 함께 배출시키고, 혈관을 확장하여 고혈압 등 심혈관 질환 예방에 좋다. 또한 식이섬유가 풍부하고 포만감을 주어 다이어트 식사에 활용하면 좋으나 과잉 섭취하지 않도록 주의해야 한다.

단맛을 내며 식감이 좋은 파프리카는 비타민 함유량이 사과의 40배이며 레몬의 2배이므로, 고구마에 부족한 비타민을 보충하기 위해 함께 피클을 담그면 좋다.

파프리카에는 눈 건강을 증진시키고 암 예방, 심장질환에 좋은 것으로 알려진 베타카로틴이 풍부하게 들어 있다. 베타카로틴은 몸 안에서 ㅂ타민 A로 전환되어 시력을 보호하고 면역력을 높여준다. 또한 칼슘과 철분도 풍부해 성장기 어린이에게도 좋다.

고구마는 모양이 고르면서 표면이 매끈하고 단단한 것, 껍질이 밝고 선명한 적자색을 고르고, 파프리카는 고유의 색상이 선명하고, 너무 휘거나 변형되지 않은 약간 통통하면서 반듯하게 생긴 것을 고른다.

• 재료
고구마(中) 2개, 노란 파프리카 1개, 빨간 파프리카 1/2개, 월계수잎 2장, 통후추 5알
피클물▶ 물·식초 1컵씩, 설탕 1/2컵, 소금 1작은술

• 만드는 법
❶고구마와 파프리카는 길이 5~6cm, 두께 0.7cm로 썬다. ❷고구마는 물에 10분간 담가 녹말(전분)을 제거한다. ❸저장용기에 고구마, 파프리카를 차곡차곡 세워 담고 통후추, 월계수잎을 넣는다. ❹분량의 피클물을 한소끔 끓인 후 붓는다. ❺완전히 식힌 후 뚜껑을 닫고 상온에 하루 정도 둔 후 냉장보관한다.

양배추피클

보관 기간   1개월

보관 장소   하루 상온보관 후 냉장고

먹는 시점   3일 후

· · · · · 양배추의 유황과 염소성분은 위장의 점막을 더욱 강화시키고 위궤양 예방 및 치료에 좋다. 혈액을 맑게 만들어서 원활한 순환을 도와주며 여드름이나 주근깨 그리고 여러 피부병 치료에 좋다. 또한 성인병의 주원인인 활성산소의 피해를 막아주는 항산화 작용을 강화시키며 양배추의 칼륨 성분은 인체의 나트륨 밸런스를 맞춰준다.

'채소의 왕자'라 불리는 것이 바로 당근이다. 당근에는 베타카로틴이라는 성분이 함유되어 있는데 채소 중에서도 베타카로틴 함유량이 가장 높기 때문이다. 베타카로틴은 체내에서 비타민 A로 전환되는 물질인데 피부미용, 시력강화, 감기 예방의 효과를 낸다.

양배추를 고를 때는 크기보다 무게를 들어보고 고르는 것이 좋다. 크기에 비해 가벼운 것보다 무거운 것이 속이 알차며 심부분이 갈색으로 변하지 않은 것이 좋다.

양배추를 당근과 함께 섭취하면 잇몸의 고름 및 십이지장궤양 치료에 좋다. 넓적한 양배춧잎 사이사이에 당근과 깻잎을 넣어 보기에도 좋고 맛도 좋으면서 영양이 가득한 피클을 만들어보자.

tip

· 재료
양배춧잎 10장, 당근 1/2개, 깻잎 20장, 통후추 약간
피클물 ▶ 물·식초 1컵씩, 설탕 1/2컵, 소금 1작은술

· 만드는 법
❶두꺼운 심을 도려낸 양배춧잎과 깻잎은 씻은 후 물기를 제거한다. 당근은 얇게 편 썰어 준비한다. ❷평평한 저장용기에 양배추, 깻잎, 당근 순서로 켜켜이 쌓아 올린 후 통후추를 넣는다. ❸분량의 피클물을 한소끔 끓여 붓고, 윗부분을 접시로 눌러 재료가 모두 잠기도록 한다. ❹완전히 식힌 후 뚜껑을 닫고 상온에 하루 정도 둔 후 냉장보관한다.

아스파라거스 피클

보관 기간 6주
보관 장소 하루 상온보관 후 냉장고
먹는 시점 1주일 후

····· 아스파라거스는 숙취에 좋은 아미노산의 일종인 '아스파라긴' 이라는 성분을 처음 발견한 채소라서 붙여진 이름으로, 미국과 유럽 등 서양에서 샐러드용으로 먹는 고급 채소다. 아스파라긴산과 아스파르트산을 비롯해 비타민 $C \cdot B_1 \cdot B_2$와 칼슘, 인, 칼륨 등 무기질이 풍부하다. 또한 식이섬유가 풍부하여 변비를 예방하고 지질 함량과 열량이 낮아 체중 조절을 하는 사람에게 좋다.

아스파라거스의 가장 맛있는 부분은 끝과 봉오리 부분이므로 필러나 과도를 이용해 아래쪽 반 정도의 껍질을 벗긴 후 밑단의 2~3cm 정도는 잘라 버리고 사용한다. 또한 시간이 지나면 굳어서 쓴맛이 증가하므로 가능한 한 빨리 조리하는 것이 좋다. 삶을 때는 긴 것 그대로 뿌리 쪽부터 끓는 물에 넣어 삶는다.

보관할 때는 물을 약간 적신 신문지에 싸서 랩으로 말아 냉장고에 넣으면 된다. 줄기가 연하고 굵은 것, 절단 부위가 길지 않은 것, 진녹색에 싱싱한 것, 줄기에 수염뿌리가 나지 않은 것을 고른다.

· 재료
아스파라거스 20대, 레몬 1/2개, 월계수잎 2장, 통후추 10알, 굵은 소금 약간
피클물▶ 물·설탕 1/2컵씩, 식초 1컵, 소금 2작은술

· 만드는 법
❶아스파라거스는 밑부분을 2cm 정도 잘라내고 필러로 얇게 껍질을 벗긴 후 도마 위에 올려 굵은 소금으로 문질러 30분간 절인다. ❷아스파라거스 길이에 맞는 유리 소재의 저장용기에 레몬을 얇게 슬라이스하여 테두리를 두르고 아스파라거스를 차곡차곡 세워 담는다. 월계수잎과 통후추를 넣는다. ❸분량의 피클물을 한소끔 끓여 붓고 완전히 식힌 후 뚜껑을 닫는다. ❹상온에 하루 정도 둔 후 냉장보관한다. ❺2~3일 후 피클물만 따라내서 다시 한 번 끓이고 식으면 부어 냉장보관한다.

콜라비 &
오렌지피클

보관 기간	1개월
보관 장소	반나절 상온보관 후 냉장고
먹는 시점	5일 후

· · · · · 최근 마트에서 심심치 않게 볼 수 있는 콜라비는 양배추와 순무를 교배시킨 채소다. 브로콜리 줄기나 양배추 속과 비슷한 맛이 나지만 더 순하고 달콤한 편이다. 수분과 비타민 C의 함유량이 높으며, 농약 없이 재배한 유기농 채소가 많아 생식용이나 즙으로 갈아 마시기도 좋은 웰빙식품으로 각광받고 있다. 알칼리성으로 식이섬유가 많아 피로해소와 다이어트에도 효과적이다. 또한 칼슘이 풍부하며, 칼륨이 많이 들어 있으면서도 칼로리는 낮아 혈압을 내리는 데 도움이 된다.

오렌지는 새콤하고 청량감이 있으며, 향이 풍부하고 비타민 C를 다량 함유하고 있는 달콤한 과일이다. 콜라비와 같이 생소하고 낯선 채소를 친숙한 오렌지와 함께 피클로 만들면, 상큼하고 달콤한 맛이 나서 먹기에도 좋다.

콜라비는 적당한 크기에 흠집이나 상처가 없는 것이 좋은 것이므로 선택할 때 참고한다.

• **재료**
콜라비·오렌지 1개씩, 당근 1/4개, 월계수잎 3장, 피클링 스파이스 1작은술, 굵은 소금 2큰술
피클물▶ 식초·물 1컵씩, 설탕 3/4컵, 소금 2작은술

• **만드는 법**
❶콜라비는 0.5cm 두께로 반달썰기하고 굵은 소금을 뿌려 30분간 절인 후 가볍게 씻어서 물기를 제거한다. ❷오렌지는 껍질을 벗겨 한입 크기로 자르고 당근은 0.5cm 두께로 반달썰기한다. ❸저장용기에 콜라비, 오렌지, 당근, 월계수잎, 피클링 스파이스를 넣는다. ❹분량의 피클물을 한소끔 끓여 부은 후 완전히 식혀 뚜껑을 닫는다. ❺반나절 상온에 둔 후 냉장보관한다.

와 사 비 맛
미 니 양 배 추 피 클

보관 기간　6주
보관 장소　하루 상온보관 후 냉장고
먹는 시점　1주일 후

····· 미니양배추는 벨기에 브뤼셀 지방에서 재배되어오다가 유럽 전역에 보급된 양배추로, 브뤼셀 수프라이트 미니양배추 또는 방울다다기 양배추로 불린다. 예전에는 국내에서 찾기 힘든 재료였지만 최근에는 제주도와 고양시 등에서 재배됨에 따라 국내 대형마트에서도 심심치 않게 볼 수 있다.

비타민 A·C가 다량 함유되어 있으며 미론산 칼륨 성분이 많아 대장암 예방에 효과적이다. 특히 단백질, 당질, 칼슘, 인, 비타민 A 등을 함유하고 있어, 일반 양배추보다 영양적 가치가 더욱 높다.

겨울철 추위도 잘 견디는 내한성 채소로, 양배추처럼 삶거나 쪄서 먹는다. 오일을 발라 오븐에 굽거나 프라이팬에 구워 먹어도 좋다. 너무 많이 익히면 쓴맛이 나므로 조리할 때 주의하도록 한다.

미니양배추는 앙증맞은 모양으로 보기에도 좋지만, 일반 양배추보다 잎이 질기지 않고, 단맛이 강하다. 와사비는 맛과 향을 살리기 위해서 피클물이 식은 후에 넣는 것이 좋다.

· 재료
미니양배추 20개, 와사비 2큰술, 핑크페퍼 10알, 월계수잎 2장
피클물▶ 물·식초 1컵씩, 설탕 1/4컵, 소금 2작은술

· 만드는 법
❶미니양배추는 밑동을 약간 잘라내고 잘 씻어 수분을 제거한 후 크기가 큰 것은 반으로 자른다. ❷저장용기에 미니양배추, 월계수잎, 핑크페퍼를 담는다. ❸분량의 피클물을 한소끔 끓여 붓고 완전히 식으면 와사비를 개어 곁들인다. ❹하루 정도 상온에 둔 후 냉장보관한다.

그린빈 &
미니당근피클

보관 기간 1개월
보관 장소 하루 상온보관 후 냉장고
먹는 시점 3일 후

· · · · · 그린빈은 길쭉길쭉하고 고운 푸른빛을 가진 콩으로, 줄기콩이라고도 한다. 여느 콩류와 달리 껍질째 먹는데, 요즘은 대형마트 냉동식품 코너 또는 채소코너에서 심심치 않게 볼 수 있다.

그린빈은 비타민 $A \cdot B_1 \cdot B_2$ 등이 풍부하게 함유되어 있어 피부를 윤택하게 해주고 야맹증을 예방해준다. 특히 콩은 이뇨작용에 효능이 있어 몸이 잘 붓는 사람이 꾸준히 섭취하면 부기 제거에 좋고 소변이 시원하게 나오게 한다. 칼슘도 풍부해 성장기 어린이의 발육에 좋다. 콩 속 에스트로겐은 여성에게 아주 좋은 성분인데, 유방암 예방에 매우 효과적이며 콩 속 식이섬유는 당뇨를 억제해주고 몸 속 콜레스테롤의 수치를 낮추어 심장질환을 예방하는 기능도 있다. 아연, 엽산, 철분, 칼륨 등이 풍부하며 콩의 이소플라본은 그야말로 천연 항암물질이라고 말할 수 있다.

그린빈은 살짝 익혀서 주로 샐러드에 넣어 먹는다. 아삭하면서 담백하고 고소한 맛을 느낄 수 있는데, 피클을 만들어 먹어도 좋은 식재료다. 카로틴이 풍부한 당근을 곁들이면 색과 맛을 더할 수 있다.

· 재료
그린빈 30개, 미니당근 5개, 피클링 스파이스 1큰술, 월계수잎 2장
피클물▶ 물 1컵, 설탕·식초 1/2컵씩, 소금 1/2큰술

· 만드는 법
❶그린빈은 꼬투리 부분을 자르고, 미니당근은 요리용 수세미로 깨끗하게 닦아서 길이 방향으로 4등분한다. ❷저장용기에 그린빈과 미니당근, 피클링 스파이스, 월계수잎을 넣고 분량의 피클물을 한소끔 끓여 붓는다. ❸완전히 식힌 후 뚜껑을 닫아 하루 정도 상온에 둔 후 냉장보관한다.

적 양 배 추 채 피 클

보관 기간   1개월
보관 장소   하루 상온보관 후 냉장고
먹는 시점   3일 후

• • • • • 적양배추는 적채라고도 하며, 흰색의 보통 양배추보다 과당과 포도당, 식물성 단백질인 리신, 비타민 C 등의 영양 성분이 더 많다. 또 비타민 U가 풍부하여 위궤양에 효과가 있고, 노화 방지와 수은중독 방지, 간기능 회복 등의 역할을 하는 셀렌(셀레늄)도 풍부하여 대표적인 건강채소로 꼽힌다. 그러나 몸이 차고 설사를 자주 하는 사람은 많이 섭취하지 않는 것이 좋다.

적양배추의 적색을 내는 안토시아닌 성분은 노화나 암을 예방해준다. 시력도 건강하게 해주고 심장질환이나 암 예방, 노화억제, 항균, 콜레스테롤 저하에 효과가 있다.

서양에서는 3대 장수식품으로 요구르트, 올리브 그 다음에 양배추를 꼽을 정도다. 적양배추의 경우 속잎보다 비타민 K가 많은 겉잎을 먹으면 더욱 효과가 좋다.

속이 단단하고 무거우며 심부분이 마르지 않은 것을 고른다. 피클로 담글 경우 안토시아닌의 색소가 빠져나와 피클물이 붉은빛이 된다.

• 재료
적양배추 1/3통, 통후추 5알, 월계수잎 2장
피클물▶ 물 1/2컵, 홍초 1컵, 설탕 1/4컵, 소금 1작은술

• 만드는 법
❶적양배추는 두꺼운 심을 도려내고 0.7cm 두께로 일정하게 채 썬다. ❷저장용기에 적양배추채를 넣고 통후추와 월계수잎을 넣는다. ❸분량의 피클물을 한소끔 끓여 붓고 완전히 식으면 뚜껑을 닫아 하루 정도 상온에 둔 후 냉장보관한다.

맑은 피클

완두콩피클

보관 기간 6주
보관 장소 하루 상온보관 후 냉장고
먹는 시점 1주일 후

····· 완두콩은 콩 중에서도 식이섬유가 풍부한 콩으로, 변비를 치료하고 대장암을 예방하며 동맥경화증에도 효과가 있다. 또한 포만감을 주기 때문에 다이어트하는 사람에게 효과적인 식품이다.

완두콩에 풍부하게 들어 있는 비타민 C는 피부를 구성하는 단백질인 콜라겐을 합성하고 촉진하는 효과가 있어 피부에 탄력을 더할 뿐 아니라 눈가나 이마의 잔주름을 없애주는 효과가 있다. 완두를 갈아 달걀 노른자 한 개와 섞어 얼굴에 바르고 30분 지나서 미지근한 물로 씻어내면 피부가 몰라보게 좋아진다.

완두콩은 이뇨작용이 뛰어나 당뇨와 소갈증을 개선시키는 효과가 있으며 몸이 잘 붓고 소변을 보기 어려운 증세가 있을 때 삶은 완두콩 즙이나 완두콩 수프를 먹는 것도 도움이 된다.

고를 때는 콩의 모양이 두드러지지 않으면서 탄력이 있고 짙은 녹색을 띤 것이 좋다. 끓는 물에 데칠 경우 비타민 손실을 줄이려면 소금을 약간 넣고 재빨리 건져내야 한다. 오래 보관해 두고 먹을 때는 꼬투리째 비닐팩에 담아 냉장고에 보관한다.

• **자료**

완두콩 1.5컵, 생강 2톨, 소금 약간
피클물▶ 물·식초 1/2컵씩, 설탕 1/4컵, 소금 1큰술

• **만드는 법**

❶완두콩은 잘 씻어 소금을 약간 넣은 끓는 물에 삶아 물기를 제거하고, 생강은 얇게 편 썬다. ❷저장용기에 완두콩과 생강을 담는다. ❸분량의 피클물을 한소끔 끓여 붓고 완전히 식으면 뚜껑을 닫아 하루 정도 상온에 둔 후 냉장보관한다.

가지피클

보관 기간 1개월
보관 장소 냉장고
먹는 시점 1주일 후

····· 가지는 식감이 부드러워 반찬으로 많이 애용되는 채소다. 가지의 색은 우리나라에서는 흑자색이 대부분이지만 이 외에도 적자색, 초록색, 흰색 등이 있다.

가지에는 피토케미컬 '안토시아닌'이 풍부하다. 피토케미컬이란 채소와 과일에 함유되어 있는 기능성 성분으로, 강력한 항산화기능을 가지고 있다. 탄수화물, 단백질, 지방, 비타민, 미네랄 등 5대 영양소와 식이섬유 이외에 최근에는 피토케미컬이 '제7의 영양소'로 주목받고 있다.

안토시아닌은 활성산소의 활동을 억제시키고 암·동맥경화 예방, 노화방지에도 큰 효과가 있는 것으로 밝혀지고 있다. 가지 껍질이 보라색인 이유는 가지에 들어 있는 안토시아닌계 색소인 '나스신(자주색)과 히아신(적갈색)' 때문이다. 이 색소는 지방질을 잘 흡수하고 혈관 속의 노폐물을 용해, 배설시켜 피를 맑게 한다. 안토시아닌은 강력한 항산화 성분으로, 시력을 보호하는 로돕신이라는 성분의 합성을 활성화시킨다.

tip

· **재료**
가지·풋고추 3개씩, 피클링 스파이스 1큰술
피클물▶ 물 1컵, 식초 2/3컵, 설탕 1/3컵, 소금 2작은술

· **만드는 법**
❶ 가지는 깨끗이 씻어 꼭지를 떼어내고 4cm 길이로 썰어 세로로 6등분한다. ❷ 청양고추는 길이 방향으로 2등분한다. ❸ 저장용기에 가지, 청양고추, 피클링 스파이스를 넣고 분량의 피클물을 한소끔 끓여 붓는다. ❹ 완전히 식으면 뚜껑을 닫아 냉장보관한다. ❺ 3일 정도 지난 후 피클물만 따라내서 다시 한 번 끓여서 식으면 붓고 뚜껑을 닫아 냉장보관한다.

브로콜리 &
콜리플라워피클

보관 기간	1개월
보관 장소	반나절 상온보관 후 냉장고
먹는 시점	2일 후

· · · · · 콜리플라워는 모양이 둥글고 밀도가 조밀한 흰색의 채소로, 지중해 연안에서 가을부터 다음해 봄까지 재배된다. 비타민 C가 풍부한데 콜리플라워 100g이면 하루 비타민 C 권장량을 모두 섭취할 수 있을 정도다. 그 외 비타민 $B_1 \cdot B_2$도 많고 양배추나 배추보다 식이섬유도 많이 함유하고 있다.

흰색 외에도 주황색, 연두색, 보라색 등의 종류가 있으며 주로 센불에서 재빨리 볶아 먹는다. 생으로 먹으면 떫은맛이 강하므로 데쳐서 요리하는 것이 좋다. 충분한 물에 살짝 데친 후 물에 헹구지 않고 채반에 올려 그대로 식힌다.

콜리플라워와 모양은 비슷하지만 색이 다른 브로콜리는 콜리플라워오- 마찬가지로 비타민 C를 많이 함유하고 있다. 브로콜리의 비타민 C는 레몬의 2배 정도로 감기예방과 피부건강에 좋다. 콜리플라워의 한 변종으로 잎겨드랑이에서 나오는 꽃봉오리도 데쳐서 고추장에 찍어 먹ㄱ나 볶음 요리에 사용한다. 봉오리 부분이 꽉 다물어져 있고 중간이 볼록한 것이 좋다.

· 자료
브로콜리·콜리플라워 1/2송이씩, 피클링 스파이스 1큰술, 월계수잎 2장
피클물▶ 물 1컵, 설탕·식초 1/2컵씩, 소금 2작은술

· 만드는 법
❶브로콜리와 콜리플라워는 한입 크기로 잘라 소금을 약간 넣은 끓는 물에 살짝 데친 후 채반에 올려 그대로 식힌다. ❷분량의 피클물을 한소끔 끓여 식힌다. ❸저장용기에 브로콜리, 콜리플라워, 피클링 스파이스, 월계수잎을 담고 피클물을 부어 반나절 상온에 둔 후 냉장보관한다.

비트피클

····· 비트는 붉은빛을 가진 동그란 채소로 샐러드, 피클 등에 주로 사용되고 있다. 비트의 붉은 빛깔은 '비트레인'이라는 성분 때문인데, 철 분이 다량 함유되어 있다. 철분의 효능이 커서 적혈구 생성 및 혈액조절에 효과적이기 때문에 빈혈 예방에 좋다. 또한 칼로리가 낮아 특히 다이어트를 하는 여성에게 좋은 식재료다.

비트에 들어 있는 안토시아닌 성분은 체내의 활성산소를 중화시켜 암 예방에 효과적이며 해독작용 능력도 강해 독소를 흡수, 배출하는 역할을 하며 식이섬유가 풍부해 변비 해소에도 도움을 준다.

생으로 먹으면 떫은맛이 나는데 식감이 무보다 더 단단하여 피클로 만들었을 때 무보다 더 아삭하고 떫은맛도 적다. 만져봤을 때 묵직하고 모양이 둥글며 흠집이 없는 것이 좋은 비트다.

· **재료**
비트 1개, 적양파 1/2개, 통후추 10알, 레몬 슬라이스 1/2개분
피클물▶ 식초·설탕·물 1컵씩, 소금 1큰술

· **만드는 법**
❶비트는 얇게 슬라이스하고 적양파는 듬성듬성 자른다. ❷저장용기에 비트와 양파, 레몬, 통후추를 담는다. ❸분량의 피클물을 한소끔 끓여 붓고 완전히 식으면 뚜껑을 닫아 하루 정도 상온에 둔 후 냉장보관한다.

유 자 맛
배 추 피 클

보관 기간	1개월
보관 장소	냉장고
먹는 시점	1주일 후

····· 배추를 고춧가루로 양념한 후 발효를 거쳐 먹는 김치와 좀 다르게 식초와 설탕으로 만든 촛물에 절여 먹는 피클로 응용한다면 더욱 색다른 맛을 낼 수 있을 것이다. 여기에 유자로 맛과 향을 내면 더욱 상큼하고 시원한 배추의 맛을 끌어 낼 수 있다. 특히 김치가 익숙하지 않은 어린 아이들 음식으로 제격이다.

배추는 식이섬유를 많이 함유하여 변의 양을 증가시키며, 장의 운동을 촉진시킴으로써 정장작용에 효과가 있다. 또한 사과보다도 많은 비타민 C를 함유하고 있어서 혈관과 장기를 튼튼하게 해준다. 잇몸이 좋지 않을 때 배추를 먹으면 잇몸의 부기가 빠지고 통증이 완화되는 효과를 볼 수 있다.

배추는 잎을 씹었을 때 고소한 맛이 나고 결구 상태가 둥근 것을 고른다. 크기가 워낙 크기 때문에 일부를 사용하고 나머지는 보관해야 하는 일이 많은데, 사용하고 난 배추를 신문지에 여러 겹 싸서 밑동이 아래쪽으로 가도록 하여 서늘한 곳에서 보관하면 좋다.

tip

· 재료
바춧잎 12장, 유자청 3큰술, 굵은 소금 2큰술, 물 1/2컵
피클물▶ 물 1컵, 식초 2/3컵, 설탕 3큰술, 소금 1큰술

· 만드는 법
❶배추는 3cm 폭으로 썰어 소금과 물 1/2컵을 넣고 1시간 정도 절인다. ❷절인 배추는 흐르는 물에 가볍게 씻고 물기를 꼭 짜서 저장용기에 담는다. ❸분량의 피클물을 한소끔 끓인 후 뜨거울 때 배추에 붓는다. ❹완전히 식으면 유자청을 넣어 가볍게 섞은 후 냉장보관한다.

분홍빛 연근피클

보관 기간 1개월
보관 장소 하루 상온보관 후 냉장고
먹는 시점 3일 후

····· 연근에는 타닌, 철분이 많기 때문에 지혈효과가 뛰어나다. 타닌은 강력한 수렴작용을 해서 위궤양, 결핵, 부인병, 출혈 등에 효과적이다.

연근은 날로 먹을 수도 있고 조리해서 먹기도 하는데 달콤한 음식과 짭짤한 음식에 모두 쓰인다. 말려서 설탕에 절인 뒤 가루로 갈거나 차를 우려내서 마시기도 한다. 오랫동안 자작하게 졸이거나 끓여도 모양이 흐트러지지 않아서 수프나 스튜에 이용하면 좋으며 아삭한 식감 덕분에 샐러드나 튀김을 만들어 먹어도 좋다.

연근은 날로 먹으면 달콤하면서도 생감자와 비슷한 전분 맛이 난다. 조리하면 전분의 맛이 더 강해지고 설탕에 절이면 단맛이 강해진다. 변색이 되므로 썰자마자 식촛물에 담그는 것이 좋고, 떫은맛이 있어 가볍게 데쳐서 사용하는 것이 좋다. 피클을 만들 때 비트로 분홍빛을 만드는데, 비트의 양을 조절하여 물드는 정도를 조절한다.

연근을 고를 때는 모양이 길고 굵은 것, 잘랐을 때 안이 검지 않은 것이 좋은 것이다.

tip

· **재료**
연근(10cm) 1개, 콜리플라워 1/6개, 링 썬 청양고추 2개분, 비트 1개, 통후추 10알, 월계수잎 2장, 식초·소금 약간씩
피클물▶ 물·식초 1컵씩, 설탕 1/4컵, 소금 2작은술

· **만드는 법**
❶연근은 최대한 얇게 썰어 식촛물에 담가 놓는다. ❷소금을 약간 넣은 끓는 물에 30초 정도 데쳐 찬물에 헹궈 식힌다. ❸콜리플라워는 송이송이 떼어내어 끓는 물에 살짝 데친다. ❹저장용기에 연근, 콜리플라워, 청양고추, 비트, 통후추, 월계수잎을 넣고 피클물을 한소끔 끓여 붓는다. ❺완전히 식으면 뚜껑을 닫아 하루 정도 상온에 둔 후 냉장보관한다.

래 디 시 &
셀 러 리 피 클

보관 기간 1개월
보관 장소 하루 상온보관 후 냉장고
먹는 시점 5일 후

‥‥‥ 아삭아삭하고 독특한 향을 가진 셀러리는 조금만 사용해도 향을 진하게 느낄 수 있어서 주로 샐러드에 사용한다. 비타민 $B_1 \cdot B_2$와 더불어 나트륨, 칼슘이 풍부해서 인체에 해로운 일산화탄소를 몸 밖으로 배출시키는 기능을 한다. 또한 셀러리의 잎에는 세다놀Sadanol이라는 특수 방향 성분이 함유되어 있다. 맛은 약간 쌉싸름하고 몸의 열을 내려주며 피부를 진정시키는 작용이 있고 이뇨작용도 촉진시킨다.

셀러리의 단단한 섬유질 부분은 제거하고 요리하는데 주로 줄기 쪽을 사용하며 잎은 버리는 경우가 많다. 그러나 실제로 잎에 영양성분이 더 많으므로 함께 넣어 피클을 담그는 것이 비타민 A를 다량 섭취할 수 있는 방법이다.

래디시는 젊고 건강한 피부와 모발, 손톱, 발톱을 유지하는 데 필요한 황 성분이 풍부하게 들어 있으며, 신체의 독소제거 기능을 촉진하여 노화예방을 돕는다.

tip

• **저료**
러디시 10개, 셀러리(10cm) 5대, 월계수잎 3장, 통후추 10알
피클물▶ 물·식초·설탕 1/2컵씩, 소금 2작은술

• **만드는 법**
❶래디시는 깨끗이 씻어 준비하고, 셀러리는 섬유질을 제거한다. ❷저장용기에 래디시, 셀러리, 통후추, 월계수잎을 담고 피클물을 한소끔 끓여 붓는다. ❸완전히 식으면 뚜껑을 닫아 상온에 하루 정도 둔 후 냉장보관한다.

참 외 피 클

보관 기간	2주
보관 장소	반나절 상온보관 후 냉장고
먹는 시점	2일 후

····· 참외는 하우스에서도 재배가 되어 이제 일년 내내 볼 수 있는 과일이지만, 제철은 여름으로 아삭한 과육과 달콤한 과즙이 일품이다. 칼륨과 비타민 C의 함량이 높다. 수분이 90% 정도를 차지하는데, 여름철에 땀을 많이 흘렸을 때 먹으면 수분을 보충해주고, 수분과 칼륨이 이뇨작용을 돕는다. 이뇨작용이 잘 되면 노폐물이 제거되고 부종이 가라앉는 효과를 볼 수 있다. 참외를 먹을 때는 보통 씨를 완전히 제거하고 먹는데, 씨와 속을 함께 먹는 것이 좋다. 이 부분에 당분과 비타민 C가 풍부하여 피로회복에 탁월한 효과를 보인다. 말린 참외 꼭지는 최토제로 한방에서는 '과체'로 부르며 약용으로 쓰기도 한다.

참외는 씨를 제거하면 오래 두어도 무르지 않아서 피클로 만들기 적당한 과일이다. 껍질을 벗겨도 되지만, 껍질째 담그면 아삭아삭한 식감을 즐길 수 있다.

단, 껍질을 그대로 사용할 때는 소금으로 겉면을 문질러 닦아 사용하도록 한다.

• **재료**
참외 2개
피클물▶ 식초 1컵, 물 1.5컵, 설탕 6큰술, 소금 2작은술

• **만드는 법**
❶참외는 껍질을 굵은 소금으로 문질러 깨끗이 씻고, 세로로 4등분하여 씨를 제거한다. ❷1cm 두께로 썰어 한입 크기로 만든다. ❸ 저장용기에 참외를 담고 피클물을 한소끔 끓여 붓는다. ❹완전히 식으면 뚜껑을 닫아 상온에 반나절 정도 둔 후 냉장보관한다.

중국식
오이피클

보관 기간 2주
보관 장소 반나절 상온보관 후
            냉장고
먹는 시점 2일 후

• • • • • 두반장을 이용하여 매콤새콤하게 만드는 중국식 오이피클은 취청오이를 사용하면 좋다. 취청오이는 청오이라고도 하는데, 겉이 진한 청색을 띠며 가시가 오돌토돌하게 나 있다.

취청오이는 주로 남부지방에서 겨울철에 재배되는 오이로, 추위를 견디는 성질이 강한데 육질이 무른 편이어서 오래 두고 먹는 요리에는 적합하지 않다. 날것으로 먹거나 생채, 무침 등과 같이 바로 먹는 요리에 사용하면 좋다.

중국식 오이피클의 주된 양념 중 하나인 두반장은 콩으로 만든 중국장이다. 매콤한 맛을 내기 위해 조금씩 첨가하면 쉽게 깊고 진한 맛을 낼 수 있다. 개봉한 후에는 밀봉하여 냉장고에 보관하고, 개봉한 것은 가급적이면 빨리 먹도록 한다.

중국식 오이피클은 너무 오랫동안 두고 먹는 것보다 2주 안에 모두 먹는 것이 좋다. 또한 취청오이의 무른 씨부분을 제거하고 소금에 절여서 사용한다. 피클물은 끓이지 않고 넣어서 아삭한 식감과 취청오이의 푸른색을 살리도록 한다.

tip

• **재료**
취청오이 4개, 건고추 2개, 통후추 10알, 굵은 소금 4큰술, 물 1컵
피클물▶ 설탕·식초 1컵씩, 고추기름 2큰술, 두반장 1.5큰술, 다진 마늘 2작은술

• **만드는 법**
❶오이는 길이 방향으로 4등분한 후, 세로로 6등분한다. ❷안쪽의 씨부분을 제거하고 굵은 소금과 물 1컵을 넣고 1시간 정도 절인다. ❸오이가 구부러질 정도로 절여지면 흐르는 물에 가볍게 씻어 물기를 꼭 짠다. ❹저장용기에 오이, 잘게 다진 건고추, 통후추를 넣고 분량의 피클물을 섞어 붓는다. ❺상온에 반나절 정도 둔 후 냉장보관한다.

콜 슬 로

보관 기간　1주
보관 장소　냉장고
먹는 시점　즉시

····· 양배추는 미국 《타임》지가 선정한 세계 3대 장수식품 중 하나로 건강에 좋은 채소다. 양배추 한 통을 사면 한 통을 어떻게 다 사용할지 고민이 되는데, 이럴 때 콜슬로를 만들어보자. 마요네즈로 버무리므로 간을 맞추기도 어렵지 않고, 맛이 드는 시간이 피클에 비해 오래 걸리지 않는다.

양배추는 전체적으로 둥글고, 들었을 때 묵직한 것을 고른다. 깨끗이 씻는다고 물에 오래 담가 놓으면 수용성 비타민이 빠져나가므로 흐르는 물에 가볍게 씻는 것이 좋다.

사용하고 남은 양배추가 있다면 심부분에 젖은 키친타월을 대고 랩으로 단단히 싸서 냉장보관하도록 한다. 양배추를 생으로 사용하지 말고, 식초에 절여서 만들면 새콤하면서도 오랫동안 보관할 수 있다.

여기서는 색을 위해 적양배추도 함께 사용했지만, 한 가지 양배추로 사용해도 좋고, 옥수수통조림을 첨가해도 좋다. 단, 양배추와 적양배추를 같이 절이면 색이 들어 좋지 않으므로 따로 절인다.

• **재료**
양배추 1/3통, 적양배춧잎 4장, 양파 1/2개, 식초 8큰술, 설탕 4큰술, 소금 약간
소스▶ 마요네즈 6큰술, 식초·설탕 1큰술씩, 후추·파슬리가루 약간씩

• **만드는 법**
❶양배추와 적양배추를 사방 1cm 크기로 자른다. ❷양배추에 식초 6큰술, 설탕 3큰술, 소금을 넣고 30분간 절인다. ❸적양배추에 식초 2큰술, 설탕 1큰술, 소금을 넣고 30분간 절인다. ❹절인 양배추와 적양배추는 물기를 꼭 짜고 양파는 곱게 다진다. ❺양배추, 적양배추, 양파에 분량의 소스를 넣어 버무린다.

생 강 초 절 임

보관 기간 2개월 이상
보관 장소 냉장고
먹는 시점 3일 후

····· 생강은 뿌리를 사용하는 향신료로, 알싸하고 매콤한 맛과 톡 쏘는 상쾌한 나무 향이 특징이다. 한국요리 외에도 전 세계에서 사용되는 가장 잘 알려진 향신료 중 하나이며, 2,000년 전 중국에서 처음 약초로 소개되었다. 생강의 맛은 육류나 생선의 비린내를 없애는 데 효과적이다. 일본에서는 얇게 썬 생강을 식초에 절인 초절임 형태를 애용한다. 중국에서는 육류요리에, 우리나라에서는 김치를 담글 때 주로 사용한다. 음료와 차로도 애용하며 유럽에서는 빵, 케이크, 비스킷, 푸딩, 잼 등의 디저트 요리에 사용한다.

몸을 따뜻하게 해주는 생강차는 위를 안정시키고 구토 증상을 완화시킨다. 임신 초기의 입덧과 멀미 예방에도 도움이 된다. 일광 건조하는 과정에서 성장이 더 진행되면 맛과 향이 보다 자극적으로 변한다. 생강을 구입할 때는 알이 굵고 껍질에 주름이 적으며 밝은 색을 고르도록 한다.

tip

• 재료

생강 300g
촛물▶ 식초 1.5컵, 물 1컵, 설탕 3/4컵, 정종 1큰술

• 만드는 법

❶생강을 잘 씻은 후 껍질을 벗겨 슬라이스한다. ❷끓는 물에 2분간 삶은 후 얼음물에 담가 식힌다. ❸식힌 생강을 면보에 싸서 물기를 짠다. ❹식초, 물, 설탕을 섞어 열을 가한 후 끓기 직전에 정종을 넣는다. ❺❹를 한소끔 끓인 후 생강을 넣어 3~4분간 끓인다. ❻저장용기에 옮겨 담아 식힌 후 냉장보관한다.

청포도피클

보관 기간 2주
보관 장소 냉장고
먹는 시점 2일 후

· · · · · 여름 과일 중 하나인 청포도는 7~8월에 주로 볼 수 있다. 당도는 높은 편이지만 신맛도 강하게 느껴진다. 과육이 유연하고 과즙이 닳으며 껍질이 약하기 때문에 구입한 후 바로 먹는 것이 좋다.

구연산과 유기산이 풍부하여 피로회복에 도움을 주고, 여름철 입맛이 없을 때 입맛을 돋운다. 조혈작용을 돕는 청포도는 깨끗하고 맑은 피를 만들어내는 비타민이 함유되어 있기 때문에 신진대사를 원활하게 해줄 뿐 아니라 임산부, 노인에게 도움이 된다. 칼륨성분이 풍부해서 체내 나트륨을 제거하는 데 도움을 주고 고혈압을 예방하고 신경계나 심장을 강화시키는 데도 효과가 있다. 하지만 칼로리가 높기 때문에 다이어트를 할 경우에는 많이 섭취하는 것을 주의하고 적당량만 먹는다.

포도송이가 적당하고 알맹이가 균일하게 달린 것이 좋다. 피클로 만들 때는 덜 익은 것보다 달콤하게 익은 것을 고르고 구입한 청포도의 농약을 씻기 위해 미지근한 물에 20~30분간 담가 두었다가 사용하거나 식초를 몇 방울 떨어뜨린 물에 씻은 후 사용하도록 하자.

· **재료**
청포도 2컵, 피클링 스파이스 1큰술
피클물▶ 물 1컵, 식초·설탕 1/4컵씩, 소금 1작은술

· **만드는 법**
❶청포도는 알알이 떼어 깨끗이 씻은 후 물기를 제거한다. ❷물기를 제거한 청포도는 반으로 자르고 분량의 피클물을 한소끔 끓인다. ❸ 저장용기에 청포도를 담고 피클물을 완전히 식혀 부은 후 냉장보관한다.

단 무 지

보관 기간 2개월 이상
보관 장소 2일 상온보관 후 냉장고
먹는 시점 1주일 후

‧‧‧‧‧ 배달음식에 딸려 오는 곁들임 음식이나 김밥 재료로 우리와 친숙한 단무지는 한동안 위생적인 부분에서 문제가 되었다. 대량생산하는 과정뿐만 아니라 일부 유통상의 위생과 영양적인 부분에서 안심하고 먹을 수 없다는 분위기가 남아 있다. 이런 단무지를 집에서 직접 만든다면 안심하고 먹을 수 있을 것이다.

단무지는 입안을 개운하게 하고, 다른 재료가 배합되어 간과 맛을 적당하게 해주는 역할과 더불어 소화를 돕는다.

노란 빛깔을 내기 위해서는 치자가 필요한데, 치자는 여드름, 기미 등과 같은 피부에 효과가 있으며 치자 달인 물을 꾸준히 마시면 목감기를 예방해주고 기침을 완화시켜준다. 위 속의 열을 내려서 열로 인한 소화 불량을 치료하는 데도 도움이 된다. 치자는 칼로 껍질을 부숴 넣어 색을 낸 다음 체에 걸러 사용하면 깔끔하다.

단무지를 만드는 데 사용하는 무는 일반 무보다 남중국 계통의 길고 가느다란 무가 적당하다.

· 재료
무 1개, 굵은 소금·물 1/2컵씩
치자물▶ 물 1컵, 치자 3개   **절임물▶** 식초·설탕 3컵씩

· 만드는 법
❶무는 2cm 두께로 길이 방향으로 잘라 굵은 소금과 물 1/2컵을 넣어 하룻밤 절인다. ❷절인 무의 물기를 짜고, 분량의 치자물을 팔팔 끓여 체에 걸러 둔다. ❸분량의 절임물과 치자물을 한소끔 끓인 후 절인 무에 붓는다. ❹2일 정도 상온에 둔 후 냉장보관한다.

새우 &
레몬 피클

보관 기간 2주
보관 장소 냉장고
먹는 시점 2일 후

· · · · · 새우는 칼슘과 타우린이 풍부하게 들어 있어 고혈압 예방과 성장 발육에 효과적이며 새우에 들어 있는 키토산은 혈액 내 콜레스테롤을 낮추는 역할을 한다. 칼슘이 풍부하게 함유되어 있어 골다공증이나 골연화증 예방에 좋다. 또한 비타민이 풍부하여 성장기 어린이의 성장발육에 도움이 되며 피부 미용에도 효과가 있다. 새우를 꾸준히 먹으면 인체에 흡수된 카로틴 성분이 비타민 A로 전환하면서 면역력이 향상되어 각종 병을 예방해준다.

새우는 몸이 투명하고 윤기가 나면서 껍데기가 단단한 것이 좋다. 등의 두 번째 마디에서 이쑤시개를 이용해 긴 내장을 빼내고 옅은 소금물에 흔들어 씻는다.

생새우를 사서 피클로 만들어도 좋지만, 손질되어 있는 칵테일 새우를 사용하면 편리하다. 자숙 칵테일 새우를 사용할 경우 끓는 물에 10초 정도 가볍게 데쳐서 찬물에 헹궈 사용한다. 여기에 레몬을 추가하면 상큼한 맛과 향을 더할 수 있다. 화이트와인식초가 없다면, 일반 식초로 대체해도 좋다.

tip

· **재료**
칵테일 새우 2컵, 슬라이스 레몬 3장, 피클링 스파이스 1작은술, 로즈메리 약간
치자물▶ 물·화이트와인식초 1/2컵씩, 설탕 1/4컵, 소금 1작은술

· **만드는 법**
❶칵테일 새우는 끓는 물에 살짝 데친 후 찬물에 헹군다. ❷저장용기에 칵테일 새우와 레몬, 피클링 스파이스, 로즈메리를 담고 분량의 피클물 재료를 섞어 붓는다. ❸냉장고에서 2일 정도 숙성시킨 후 먹는다.

chapter

03

—

오일
피클

—

방울토마토피클

보관 기간 1주
보관 장소 냉장고
먹는 시점 즉시

• • • • • 토마토만큼이나 우리에게 친숙해진 방울토마토는 먹기에도 편하고 맛도 좋은 열매채소 중 하나다. 자르지 않고 사용할 수 있고 쉽게 물러지지 않는 장점이 있는데, 껍질을 벗겨 오일에 절여 피클로 만들어 먹으면 색다른 맛을 느낄 수 있다.

토마토를 다이어트식품으로 먹는 사람이 많은데 열량이 낮을 뿐 아니라 칼륨, 비타민 등의 다양한 영양소가 듬뿍 들어 있기 때문이다. 건강에도 좋고, 과식을 억제할 뿐 아니라 소화도 촉진시켜준다.

방울토마토 역시 토마토처럼 리코펜이라는 항산화 성분이 함유되어 있어 노화 방지에 도움이 되고 항산화 기능이 비타민 E의 100배, 카로틴의 2배 이상이다. 또한 방울토마토가 함유하고 있는 비타민 K는 우리 몸의 칼슘이 빠져나가는 것을 막아주는 역할을 하여 뼈를 튼튼하게 하고, 골다공증을 예방하는 데 좋다.

과실의 크기가 적당하며 겉이 무르지 않고 단단한 것이 좋고 붉은색을 띠며 꼭지가 신선한 것이 좋다. 흐르는 물에 씻어 물기를 제거한 후 꼭지를 떼고 사용한다.

tip

• **재료**
방울토마토 20개, 양파 1/4개, 딜·피클링 스파이스 약간씩
마리네이드▶ 올리브유 5큰술, 식초·설탕 2큰술씩, 소금·후추 약간씩

• **만드는 법**
❶방울토마토는 꼭지를 떼고 깨끗이 씻은 후 윗부분에 X자로 칼집을 낸다. ❷체에 방울토마토를 올려 끓는 물에 5초 정도 담갔다가 찬물에 바로 헹군다. ❸방울토마토는 껍질을 벗기고 양파와 바질은 잘게 다진다. ❹분량의 마리네이드 재료에 양파와 딜, 피클링 스파이스를 넣어 섞는다. ❺껍질을 벗긴 방울토마토를 넣어 가볍게 섞은 후 냉장보관한다.

올 리 브 피 클

보관 기간 2개월 이상
보관 장소 냉장고
먹는 시점 즉시

ᐧᐧᐧᐧᐧ 이탈리아 요리에서 주로 볼 수 있는 올리브는 우리나라에서는 보통 통조림 제품을 구입하여 사용한다. 올리브 과육을 이용한 요리는 우리에게 조금 낯설지만 대신 오일의 형태로 많이 섭취하고 있다. 지중해 지역과 미국이 주생산지로, 최근에는 노화 예방, 콜레스테롤 분해 등 올리브의 놀라운 효능이 밝혀지면서 올리브유의 수입과 국내산 올리브유 생산이 증가하고 있다.

올리브의 과실은 쓴맛이 있어 그대로는 먹을 수 없다. 브라질에서는 과실을 따서 알칼리성 용액에 담가 쓴맛 성분인 페놀성 배당체 올레우르페인을 제거하고 물로 씻은 후 다시 소금물에서 유산 발효시킨 다음 향신료와 조미료를 넣고 병조림한다.

올리브는 불포화지방이 풍부하여 장수식품과 미용식품으로 각광받고 있으며 비타민 E, 폴리페놀 등을 많이 함유하고 있어 노화 방지에 효과가 좋다.

이런 올리브를 오일에 버무려 새콤하게 먹으면 더욱 입맛을 돋우는 음식이 된다. 서양요리의 곁들임 음식뿐만 아니라 입맛이 없을 때 반찬이나 술안주 등으로 사용하면 좋다.

• **재료**

통조림 블랙 올리브·통조림 그린 올리브 1컵씩

마리네이드▶ 엑스트라버진 올리브유 1컵, 화이트와인식초 1/2컵

• **만드는 법**

❶블랙 올리브와 그린 올리브는 흐르는 물에 가볍게 씻어 물기를 제거한다.
❷저장용기에 담고 분량의 마리네이드 재료를 넣어 섞은 후 냉장보관한다.

구운
파프리카피클

보관 기간 1개월
보관 장소 냉장고
먹는 시점 즉시

ᐧᐧᐧᐧᐧ 파프리카는 주로 날로 먹는 조리법으로 섭취하지만 과육이 딱딱하고 날냄새가 나서 충분히 먹을 수 없다는 단점이 있다. 이런 단점을 보완하기 위해, 구워서 부드럽게 만든 파프리카를 오일에 절여 보관하며 먹는 방법이 있다.

피부 개선, 항산화 효과 등을 내는 파프리카의 비타민 C 함량은 피망의 2배, 딸기의 4배, 시금치의 5배 수준이다. 파프리카는 비타민 $A \cdot B_1 \cdot B_2 \cdot C \cdot D \cdot P$ 등이 풍부하며 그 효능이 다양하다. 파프리카 껍질에는 알파카로틴, 베타카로틴, 루테인 등이 다량 함유돼 있는데 이는 특히 붉은색 파프리카에 많이 들어 있으며 심혈관, 눈, 세포, 피부 등에 좋다.

파프리카는 매운맛이 없고 특유의 단맛 덕분에 과일처럼 베어먹거나 혹은 샐러드에 넣어서 생으로 즐기는 사람들이 많다. 하지만 파프리카는 '기름'과 궁합이 좋은 채소로, 오일에 볶아먹으면 영양을 더욱 알차게 챙길 수 있다. 파프리카에 함유돼 있는 지용성 비타민인 비타민 A가 베타카로틴의 형태로 존재하므로 껍질째 조리해서 먹을 경우 흡수율이 높아지게 된다.

·재료
미니 빨간 파프리카·미니 노란 파프리카·미니 주황 파프리카 5개씩
마리네이드▶ 올리브유 1컵, 화이트와인식초 1/2컵, 소금·씨겨자 1큰술씩, 통후추 약간

·만드는 법
❶파프리카는 젓가락을 꽂아 가스불에 그을려서 겉껍질을 벗긴다. ❷껍질을 벗긴 파프리카는 세로 방향으로 2등분한다. ❸분량의 마리네이드 재료를 구운 파프리카에 넣어 가볍게 섞은 후 냉장보관한다.

선드라이드 토마토

보관 기간　1개월
보관 장소　서늘한 곳에 보관
먹는 시점　1일 후

· · · · · 토마토를 말리면 쫄깃한 식감과 함께 더 깊고 진한 맛을 느낄수 있다. 선드라이드 토마토란 말 그대로 토마토를 말린 것을 말하는데 통조림이나 병조림 등 보존기술이 없었던 시대에 개발된 방법으로 상당히 역사가 오래된 토마토 보존법이다.

우리나라처럼 여름에 습기가 많은 지역에서는 토마토를 말리기가 어렵지만 요즘 식품건조기의 보급이 보편화되면서 쉽게 토마토를 말릴 수 있게 되었다. 또는 오븐을 이용하여 저온에서 오랫동안 구워도 말린 토마토를 만들 수 있다.

이탈리아 남부에서는 우리나라의 곶감처럼 토마토를 농가의 처마에 매달아 두거나 반으로 잘라 소금을 뿌린 후 햇볕에 넣어 말린다고 한다. 적당히 마르면 마늘, 바질, 마른 고추 등과 함께 올리브유에 저장해 두었다가 겨울 동안에 먹는다.

말린 토마토는 쫄깃하게 씹히는 맛이 일품으로 샐러드나 스파게티, 샌드위치 등에 사용하거나 올리브유에 절인 것은 입맛을 돋우는 에피타이저로 먹어도 좋다.

버섯 &
로즈메리피클

보관 기간 2주
보관 장소 반나절 상온보관 후
냉장고
먹는 시점 1일 후

· · · · · 새송이버섯은 구하기 힘든 자연산 송이버섯의 대용품으로 재배된 것이다. 송이버섯의 진한 맛과 향을 고스란히 내지는 못하지만 질감만큼은 흡사하다.

새송이버섯은 인공재배가 보편화됨에 따라 쉽게 먹을 수 있게 되었을 뿐 아니라 영양면에서도 탁월하다. 노화 방지 역할을 하는 비타민 C 함유량만 보더라도 느타리버섯의 7배, 팽이버섯의 10배에 이른다. 다른 버섯에는 거의 없는 비타민 B_6도 많이 함유하고 있어 혈액생성과 신경안정, 피부건강에 좋다. 악성빈혈 치유인자로 알려진 비타민 B_{12}도 미량 들어 있다.

특히 새송이버섯의 수분함량은 88%나 돼 갈증해소와 탈수증에 도움이 된다. 그렇기 때문에 몸이 허할 때 먹으면 기력회복에 좋다. 식이섬유가 풍부해 다이어트에도 좋고 장활동을 정상적으로 해주는 효능이 있다. 위를 건강하게 하는 역할도 하는데 위산의 과다분비로 속이 쓰릴 때 새송이버섯을 섭취하면 개선된다. 이 밖에 비타민 $D \cdot B_2$, 티로시나아제, 엽산 등도 함유하고 있어 고혈압 예방에 좋다.

· **재료**
새송이버섯 5개, 굵은 후추·로즈메리 약간씩
마리네이드▶ 엑스트라버진 올리브유 1/2컵, 레몬즙 2큰술, 소금 1큰술

· **만드는 법**
❶새송이버섯의 밑동을 자르고, 0.5cm 두께로 편 썬다. ❷끓는 물에 10초간 데쳐서 물기를 제거한다. ❸ 버섯, 굵은 후추, 로즈메리에 분량의 마리네이드 재료를 넣어 버무리고 반나절 상온에 둔 후 냉장보관한다.

샬 롯 피 클

• • • • • 샬롯은 백합과 식물로 비늘줄기는 여러 개가 모여 달리며 양파껍질 같은 막질의 껍질로 싸여 있다. 보통 지름 3cm 정도이며 작고 조직 또한 얇으면서 수분이 적다. 속이 단단하고, 맛은 양파보다 부드럽지만 단맛은 덜하다. 풍미가 양파와 비슷하여 샬롯 대신 양파로 요리해도 된다.

대형마트나 외국 식재료점에서 구입할 수 있는데 양파의 재료 손질법과 비슷하여 껍질을 제거한 후 다지거나 채 썰어 사용한다.

기름에 볶아서 먹거나 오이 등과 같이 피클로 담가 먹으면 좋다. 샬롯 윗부분에 십자로 칼집을 넣고 오일을 발라 오븐에 구우면 단맛과 풍미가 더욱 풍부해진다. 이렇게 단맛을 살려 구운 샬롯을 오일에 절이면 부드러운 맛이 한층 더 살아나고, 오랫동안 저장해 두고 먹을 수 있다는 장점이 있다.

오일에 절인 샬롯은 잘게 다져 빵 위에 올리는 토핑으로 사용하거나 잼 등으로 변형하여 사용해도 좋다.

· **재료**
샬롯 10개, 오일·딜·소금·후추 약간씩
마리네이드▶ 엑스트라버진 올리브유 1컵, 레몬즙 3큰술, 소금 2작은술

· **만드는 법**
❶샬롯은 껍질을 제거하고 윗부분에 십자 모양의 칼집을 넣는다. ❷오일로 가볍게 버무린 후 소금, 후추를 뿌려 150℃의 오븐에서 20분간 굽는다. ❸ 저장용기에 샬롯과 딜을 넣고 분량의 마리네이드 재료로 가볍게 버무려 서늘한 곳에 보관한다.

구운 가지피클

보관 기간 1주
보관 장소 서늘한 곳에 보관
먹는 시점 1일 후

..... 우리나라에서는 가지를 주로 데치거나 찐 후 양념을 하여 먹는데, 가지를 기름에 볶거나 구워 먹으면 의외로 새로운 맛을 느낄 수 있다. 구우면 기름이 안으로 침투해서 더욱 부드럽고 고소한 맛이 난다.

가지 고유의 색을 그대로 살리기 위해서는 흐르는 물에 씻는 것보다 식초를 약간 넣은 물에 잠시 담가 두면 좋다.

가지를 고를 때는 진한 흑갈색에 윤기가 있는 것이 좋다. 꼭지 부분에 가시가 있고, 가시가 날카로운 것일수록 신선한 것이다. 특히 꼭지 부분이 몸통보다 굵은 것은 고르지 않는 것이 좋다.

구운 가지에 오일을 넣어 절이면 자칫 밋밋한 맛이 될 수 있으므로, 여기에 건고추와 핑크페퍼를 넣어보자. 알싸한 맛이 오일을 통해 가지 속까지 전해져서 맛의 포인트가 될 수 있다.

tip

• 재료
가지 4개, 건고추 3개, 오일·핑크페퍼·소금·후추 약간씩
마리네이드▶ 엑스트라버진 올리브유 1컵, 소금 1작은술

• 만드는 법
❶가지는 1cm 두께로 동그랗게 썬다. ❷오일을 살짝 묻힌 후 소금, 후추를 뿌려서 150℃의 오븐에서 10분간 굽는다. ❸저장용기에 가지, 링 모양으로 썬 건고추, 핑크페퍼를 담고 분량의 마리네이드 재료로 버무려 서늘한 곳에서 보관한다.

병아리콩피클

보관 기간 1개월
보관 장소 서늘한 곳에 보관
먹는 시점 5일 후

· · · · · 병아리콩은 중동이 원산지로 지중해, 인도, 중앙아시아 요리에 많이 등장하는 식재료다. 이집트콩, 칙피라고도 불리며, 소스, 샐러드, 수프 등 다양한 요리에 활용된다. 이스라엘에서는 병아리콩을 걸쭉하게 만들어서 납작하고 작은 케이크로 만든 후 튀겨서 팔라펠falafel 이라는 스낵을 만들어 먹는다. 남부 유럽 등지에서는 흔히 수프와 샐러드, 스튜에 넣어 먹는다.

병아리콩은 지방 함유가 낮고 요구르트나 우유만큼이나 칼슘 함량이 높으며 식이섬유 함량 또한 높아 인슐린에 예민하거나 당뇨병이 있는 사람들에게 효과적이다. 철분이 풍부하여 빈혈 치료나 예방에 좋으며, 식이섬유가 풍부해 장기능을 개선해준다. 또한 비린맛이 없는 콩으로 포만감이 높고 단백질, 칼슘이 풍부하여 채식주의자들이 즐겨 먹는 식품으로 널리 알려져 있다.

말린 병아리콩은 하룻밤 불린 후 30분 정도 삶아 사용하고, 통조림 병아리콩은 물기를 제거하고 흐르는 물에 헹궈 사용한다.

• **재료**
병아리콩 2컵, 피클링 스파이스 1큰술, 딜 약간
마리네이드▶ 엑스트라버진 올리브유 1컵, 설탕·식초 3큰술씩, 소금 1큰술

• **만드는 법**
❶병아리콩은 물에 6시간 이상 불린다. ❷불린 콩은 끓는 물에 부드럽게 삶아 물기를 제거한다. (병아리콩은 익으면 떠오른다.) ❸저장용기에 병아리콩, 피클링 스파이스, 딜을 넣고 분량의 마리네이드 재료를 섞어 넣는다. ❹서늘한 곳에 보관한다.

chapter

04

—

간장

피클

—

백만송이버섯
간장피클

보관 기간   2개월
보관 장소   반나절 상온보관 후
           냉장고
먹는 시점   1일 후

····· 백만송이버섯은 앙증맞은 모양으로, 가열을 해도 모양을 그대로 유지한다. 만가닥버섯이라고도 불리며 이름 그대로 무리를 지어 자생하는 특징이 있다.

백만송이버섯은 베타글루칸이라는 성분이 풍부해서 항암효과가 있으며, 암세포 성장억제, 동맥경화 예방에 좋다. 또한 백만송이버섯에 풍부한 에르고스테롤은 뼈에 칼슘이 침착되는 것을 도와 어린이들의 성장을 촉진하고 여성들의 골다공증을 예방하기도 한다. 식이섬유도 풍부하여 콜레스테롤 합성을 억제하고 배설시켜주는 효과가 있고, 지방을 줄여주는 다당단백질을 함유하고 있어 다이어트에도 효과적이다.

부서지기 쉬우므로 조심해서 밑동을 잘라 흐르는 물에 가볍게 씻는다. 사용하고 남은 버섯은 습기를 없애 신문지에 싸서 냉장보관한다. 백만송이버섯뿐만 아니라 어떤 버섯을 사용해 피클을 만들어도 좋다. 여기에서는 감칠맛을 더하기 위해 표고버섯을 첨가하였다.

• 재료
백만송이버섯 3팩, 표고버섯 4개, 통후추 10알, 월계수잎 2장
간장물▶ 간장·물 1컵씩, 식초 1/2컵, 설탕 1/3컵

• 만드는 법
❶백만송이버섯은 밑동을 잘라 정리하고, 표고버섯은 4등분한다. ❷간장물을 한소끔 끓인다. ❸저장용기에 버섯과 통후추, 월계수잎을 담고 간장물을 부은 후 위를 접시로 누른다. ❹완전히 식으면 뚜껑을 닫아 상온에 반나절 둔 후 냉장보관한다.

청양고추
간장피클

보관 기간   2개월 이상
보관 장소   하루 상온보관 후 냉장고
먹는 시점   10일 후

••••• 청양고추는 지나치게 맵기 때문에 음식에 전량을 사용하기 어렵다. '청양고추'라는 이름에는 두 가지의 의미가 있는데 '충남 청양에서 나는 고추'와 매운맛이 나는 품종인 '청양고추'로, 우리가 주로 구입할 때 사용하는 청양고추라는 단어는 거의 품종으로서의 청양고추다.

캡사이신 성분이 다른 고추에 비해 월등하게 많아서 기초대사율을 높여 다이어트에 적합하다. 단, 많이 먹으면 탈이 날 수 있으니 조심한다. 청양고추는 보통 입맛을 돋우는 용도로 쓰이는데 조림, 국, 탕, 볶음에 소량 사용하는 것이 좋다. 청양고추는 색이 진하고 너무 크지 않은 것, 마른 청양고추는 붉고 윤기가 흐르면서 길이가 너무 길지 않은 것이 맵다. 청양고추를 만진 후 손에 매운기가 남았을 때는 쌀뜨물에 손을 담갔다가 빼면 가신다. 음식에 조금씩 사용하는 청양고추는 비닐 팩에 담아 냉동보관하며, 조금씩 꺼내 잘라 사용하면 편리하다.

매운맛이 우수한 청양고추를 피클로 담그면, 매운맛이 감칠맛으로 변해 입맛 없을 때 제격이다.

• 저료
청양고추 40개, 통후추 10알
간·장물▶ 간장·물 1컵씩, 식초·설탕 2/3컵씩

• 만드는 법
❶청양고추는 이쑤시개로 구멍을 3~4군데 내어준다. ❷저장용기에 청양고추와 통후추를 넣고 간장물을 한소끔 끓여 부은 후 위를 접시로 누른다. ❸상온에 하루 정도 둔 후 냉장보관한다. ❹1주일 후 국물만 따라 팔팔 끓여 식힌 후 다시 부어 냉장보관한다.

오이간장피클

보관 기간 | 1개월
보관 장소 | 반나절 상온보관 후
　　　　　냉장고
먹는 시점 | 2일 후

•••• 오이는 피클을 만들어 먹는 재료 중 가장 대중적이며 손쉽게 구입할 수 있는 식재료다. 맑은 피클물을 이용해 맑은 피클로 만들었다면, 이번에는 간장으로 만들어보자. 간장의 진한 맛과 풍미가 오이에 스며들어가 반찬으로 더욱 적격이다.

여기에 셀러리로 향과 맛을 더해 독특한 향의 피클로 완성하였다. 오이는 다다기오이를 사용하도록 한다. 취청오이를 사용해도 무관하지만 오랫동안 보관할 용도의 피클이라면 다다기오이를 추천한다.

간장으로 만든 오이피클은 물기를 짜고 종종 썰어 참기름에 무친 다음, 면요리의 고명으로 사용해도 좋다. 또는 샌드위치나 햄버거의 피클 대신 간장맛 피클을 사용하면 좀더 색다른 맛을 낼 수 있다. 셀러리를 너무 많이 넣으면 향이 강해지므로 전체 오이 양의 1/10 정도만 넣도록 한다.

· **저료**
다다기오이 3개, 셀러리(10cm) 2대, 통후추 10알, 월계수잎 2장
간장물▶ 간장·식초 1컵씩, 물 1/2컵, 설탕 2/3컵

· **만드는 법**
❶오이는 소금으로 박박 문질러 씻어 0.7cm 두께로 어슷 썬다. ❷셀러리는 섬유질을 당겨 제거한 후 오이와 같은 모양으로 어슷 썬다. ❸저장용기에 오이와 셀러리, 통후추, 월계수잎을 담고 분량의 간장물을 한소끔 끓여 붓는다. ❹완전히 식으면 뚜껑을 닫아 반나절 상온에 둔 후 냉장보관한다.

순 무 간 장 피 클

보관 기간	1개월
보관 장소	하루 상온보관 후 냉장고
먹는 시점	1주일 후

· · · · · 순무는 강화도가 유명한데, 강화도의 흙, 해풍, 기온은 영양가와 맛이 딱 들어맞는 최상의 순무를 만들어 낸다. 맛이 감미롭고 고소한 순무는 일반 무에서 맛볼 수 없는 색다른 맛을 낸다.

매운맛을 내는 이소시아네이트와 인돌은 항암작용을 하며, 풍부한 식이섬유는 변비 예방에 효과적이다. 순무의 수분과 무기질은 이뇨작용을 돕는다. 또한 칼륨이 많이 들어 있으면서도 칼로리는 적어 혈압을 내리는 데 도움이 된다. 알칼리성으로 식이섬유가 많아 피로 해소와 다이어트에도 효과적이다.

순무는 색깔이 흰색이거나 겉만 자주색인 것이 있다. 고를 때는 모양이 일정하고 무청부분이 마르지 않은 것을 고르고, 잘랐을 때 구멍이 없는 것이 싱싱하다.

흐르는 물에 흙을 씻어내고 적당한 크기로 잘라 요리에 이용하면 된다. 사용하고 남은 순무는 무청부분을 자르고 신문지로 싼 다음 무청이 있던 부분을 아래로 향하게 하여 냉장보관한다.

· **재료**
순무 4개, 청양고추 3개, 월계수잎 2장, 통후추 10알
간장물▶ 물·식초 1컵씩, 간장 1/2컵, 설탕 1/4컵

· **만드는 법**
❶순무는 새끼손가락 크기로 자르고 청양고추는 1cm 두께로 링 모양으로 자른다. ❷저장용기에 순무, 청양고추, 월계수잎, 통후추를 담고 분량의 간장물을 한소끔 끓여 붓는다. ❸상온에 하루 정도 둔 후 냉장보관한다.

우엉간장피클

보관 기간 2개월
보관 장소 하루 상온보관 후 냉장고
먹는 시점 1주일 후

· · · · · 씹는 맛이 매력적인 우엉은 유럽, 시베리아, 만주 등지에서 야생하며 중국과 일본 등지에서는 오래 전부터 식용하였으나 우리나라에 전래된 것은 오래되지 않았다. 유럽에서는 관상용으로 키우며 중국에서는 약으로 이용했다.

우엉에 함유된 이눌린은 신장의 기능을 향상시켜 이뇨작용에 효과가 있으며, 식이섬유는 정장작용과 배변을 촉진시키는 역할을 하고, 리그닌은 항균작용이 있다.

바람이 들지 않고 너무 건조하지 않은 것, 껍질에 흠이 없고 매끈한 것, 잘랐을 때 부드러운 것이 좋다. 우엉은 껍질을 솔로 문질러 씻거나 칼등으로 긁어내어 제거한다. 우엉을 손질할 때는 거친 식이섬유를 연하게 하는 방법으로 연필 깎듯이 써는 방법이 가장 좋다.

우엉은 특히 돼지고기와 궁합이 좋은데, 산성 식품인 돼지고기를 중화시키며 돼지고기 특유의 누린내도 우엉의 향으로 제거할 수 있다. 돼지고기 요리에 우엉피클을 곁들여 내면 더욱 좋다.

tip

· **재료**
우엉(20cm) 2대, 마늘 2톨, 건고추 2개, 식초 약간
간장물▶ 간장 1/2컵, 물·식초 1컵씩, 설탕 1/4컵, 소금 1/2작은술

· **만드는 법**
❶우엉은 껍질을 벗겨 어슷 썬 후, 다시 곱게 채 썰어 식초를 넣은 물에 담가 둔다. ❷마늘은 얇게 편 썰고 건고추는 어슷하게 채 썬다. ❸저장용기에 우엉, 마늘, 건고추를 담고 분량의 간장물을 한소끔 끓여 붓는다. ❹완전히 식으면 뚜껑을 닫아 하루 정도 상온에 둔 후 냉장보관한다. ❺3일 후 간장물만 따라내서 다시 한 번 끓이고 식으면 부어 냉장보관한다.

양파 간장 피클

보관 기간   1개월
보관 장소   하루 상온보관 후 냉장고
먹는 시점   3일 후

・・・・・ 양파의 매운맛을 뺀 새콤달콤한 양파피클은 반찬으로 먹기 좋다. 특히 고기와 함께 곁들여 먹는 반찬으로 제격이다. 양파는 심장질환 예방, 숙취 해소, 니코틴 해독 등 다양한 효능이 있다. 양파에 들어 있는 유화알릴이라는 성분에 의해 특유의 매운맛과 자극적인 냄새가 나는 것인데, 이 성분은 소화액의 분비를 돕고 신진대사를 원활하게 해준다. 육류와 함께 섭취하면 영양의 균형을 이루며 양파의 퀘르세틴 성분이 항산화 작용을 하여 활성산소를 잡아준다.

또한 우리 몸에 불필요한 젖산과 콜레스테롤 등을 배출하는 대표적인 식품으로 지방질의 함량이 적으면서 단백질이 많아 다이어트에도 좋다.

양파를 보관할 때는 망사자루에 넣어 서늘하고 바람이 잘 통하는 곳에 둔다. 오래 저장할 때는 종이봉투에 담아 서늘한 곳에 두어 건조한 상태를 유지하는 것이 중요하다. 양파를 고를 때는 붉은빛이 도는 것이 신선하며, 눌렀을 때 물렁물렁한 것은 심이 썩은 것이므로 피한다.

· 재료
양파 3개, 청양고추 2개, 월계수잎 3장, 통후추 약간
간장물▶ 물 2컵, 간장·식초 1컵씩, 설탕 1/4컵

· 만드는 법
❶양파는 껍질을 벗겨 한입 크기로 자르고, 청양고추는 링 모양으로 썬다.
❷저장용기에 양파, 청양고추, 월계수잎, 통후추를 담고, 분량의 간장물을 한소끔 끓여 붓는다. ❸완전히 식으면 뚜껑을 닫아 상온에 하루 정도 둔 후 냉장보관한다.

깻잎간장피클

보관 기간   1개월
보관 장소   하루 상온보관 후 냉장고
먹는 시점   3일 후

· · · · · 깻잎은 향긋한 향으로 요리를 살리는 감초 같은 채소이며 싱
으로 먹거나 절임으로 먹기도 한다. 깻잎에는 칼륨과 칼슘 등의 무기질
이 풍부하며 비타민 A·C가 풍부해서 피부 미용에 좋고 열량이 낮은 편
이며, 식이섬유가 포만감을 준다.

보통 고기를 싸서 먹는 쌈채소로 사용되는데, 그 이유는 쇠고기에는
비타민 A·C가 거의 들어 있지 않고 콜레스테롤이 높기 때문에 이를 보
완하기 위해서다. 여기에 깨에서 추출한 식물성 기름과 함께 고기를 먹
으면 콜레스테롤이 증가하는 것을 예방해준다.

깻잎은 날로 먹어도 좋지만, 피클로 만들어 고기와 함께 먹으면 궁합
도 좋을 뿐 아니라 오랫동안 보관해 두고 손쉽게 먹을 수 있다는 장점
이 있다.

잎이 짙은 녹색에 부드러운 것이 좋으며 줄기가 마르지 않고 크기가
일정한 것을 고른다. 깻잎은 쉽게 말라버리므로 수분이 증발하지 않도
록 밀봉하여 냉장보관한다.

tip

· 재료
깻잎 100장, 마늘 3톨
간장물▶ 간장·물·식초 1/2컵씩, 설탕 1/4컵

· 만드는 법
❶깻잎은 꼭지부분을 1cm 남기고 잘라 씻은 후 물기를 제거하고 마늘은 얇
게 편 썬다. ❷간장물을 한소끔 끓여 식힌다. ❸저장용기에 깻잎을 20장씩
나눠 방향을 엇갈려 담은 후 마늘을 올리고, 간장물을 부어 위를 무거운 접
시로 누른다. ❹상온에 하루 정도 둔 후 냉장보관한다.

가츠오부시향
양배추간장피클

보관 기간 1개월
보관 장소 하루 상온보관 후 냉장고
먹는 시점 1주일 후

..... 가츠오부시(가다랑어포)는 가다랑어를 쪄서 말린 후 훈제하는 세 과정을 반복해서 만든다. 나무토막처럼 생겼는데, 대패로 얇게 밀어서 사용한다. 우리나라에서 국수 만들 때 멸치국물을 우려내는 것처럼 일본의 우동국물은 가츠오부시를 우려서 사용한다. 좋은 가츠오부시는 두들겼을 때 맑은 소리가 나며, 얇게 밀었을 때 반투명하다. 보통은 바로 사용할 수 있게 대패로 얇게 민 상태로 판매된다.

가츠오부시를 피클물에 사용하면 재료에 향이 은은하게 배어서 독특한 맛과 풍미의 피클을 만들 수 있다. 양배추는 곱게 채 썰어 사용해도 좋고 잎을 그대로 사용해도 좋다. 양배추를 옅은 소금물에 헹궈야 나중에 물러지지 않고 아삭하다.

가츠오부시향이 배어 있는 양배춧잎을 곱게 채 썰어 참기름에 가볍게 무쳐 반찬으로 먹어도 맛이 좋다.

tip

• 재료
양배추 1/6통, 가츠오부시 1줌, 소금 약간
간장물▶ 물 1컵, 간장·식초 1/2컵씩, 설탕 1/4컵

• 만드는 법
❶양배추는 사방 3cm 크기로 잘라 소금물에 가볍게 헹군 후 물기를 제거한다. ❷냄비에 분량의 간장물을 넣어 한소끔 끓인 후 불을 끄고 가츠오부시를 넣어 30분간 둔다. ❸30분 후에 간장물을 고운 체에 거른다. ❹저장용기에 양배추를 담고 ❸을 부은 후 위를 그릇으로 누른다. ❺하루 정도 상온에 둔 후 냉장보관한다.

두릅간장피클

보관 기간 2주
보관 장소 냉장고
먹는 시점 3일 후

····· 따뜻한 봄날, 나른하고 입맛이 없을 때 데쳐서 초고추장에 쩍어 먹는 두릅. 무쳐 먹어도 좋지만 피클로 만들어 먹으면 오랫동안 향과 맛을 즐길 수 있다. 두릅은 다른 채소에 비해 단백질이 많고 비타민 A·C, 칼슘과 식이섬유 함량이 높아 다이어트에도 효과적인 채소다. 또한 혈당을 내리고 혈중지질을 낮추어주는 역할을 해서 당뇨병, 신장병, 위장병에 좋다.

오래 보관하기 위해 소금에 절이거나 얼리기도 하는데, 생으로 보관할 때는 두릅에 스프레이로 물을 뿌려준 후 신문지에 싸서 냉장고에 보관한다. 향을 즐기는 산채이므로 오래 보관하지 않는 것이 좋다. 손질되지 않은 두릅을 구입했을 때는 끝에 나뭇가지 같은 것이 붙어 있으므로 잘라낸 후 물에 씻어 사용한다.

두릅은 연하고 굵은 것, 잎이 피지 않은 것, 껍질이 지나치게 마르지 않은 것, 향기가 진한 것을 고른다.

· 재료
두릅 200g, 소금 약간
간장물▶ 간장·식초·설탕 1/4컵씩, 물 1/2컵

· 만드는 법
❶소금을 약간 넣은 끓는 물에 손질한 두릅을 뿌리 쪽부터 넣는다. ❷물에 넣은 두릅은 30초 정도만 가볍게 데친다. ❸데친 두릅은 찬물에 빠르게 헹군 후 물기를 제거하여 저장용기에 차곡차곡 담는다. ❹분량의 간장물을 한소끔 끓여 부은 후 완전히 식으면 뚜껑을 닫아 냉장보관한다.

곰취간장피클

보관 기간 : 1개월 이상
보관 장소 : 냉장고
먹는 시점 : 1주일 후

····· 서늘한 고산지대에 자생하는 산나물로 깊은 산속 곰이 먹는다 하여 '곰취'라는 이름이 붙었다. 톡 쏘는 맛이 아닌 부드럽게 쌉싸름한 맛과 은은하게 풍기는 상큼한 향이 특징이다. 나른한 봄철 잃어버린 입맛을 돋우고 춘곤증 등 피로회복에 좋은 채소다.

곰취는 식이섬유가 풍부하여 변통 효과를 좋게 하고 열량이 낮아 비만인 사람에게 좋다. 또한 베타카로틴, 비타민 C 등이 많이 들어 있어 항암 효과 외에도 혈액순환 개선과 기침, 천식 치료에도 좋으며, 요통이나 관절통 완화에도 효과가 있다.

식용으로 어린 잎을 따서 고기를 싸 먹거나 무침, 나물 등으로 이용되며 김치로 만들어 먹을 수 있고 튀겨 먹을 수도 있다. 잎이 조금 거세지기 시작하면 호박잎처럼 끓는 물에 살짝 데쳐 쌈을 싸 먹거나 초고추장을 찍어 먹기도 한다.

억세진 곰취잎은 간장피클 또는 된장 장아찌를 담가 먹으면 좋다.

• **재료**
곰취 100장
간장물▶ 물·식초·간장 1/2컵씩, 설탕 1/4컵

• **만드는 법**
❶곰취는 노란 잎을 떼어 정리한 후 깨끗이 씻어 물기를 제거한다. ❷분량의 간장물을 끓여 식힌다. ❸저장용기에 곰취를 차곡차곡 넣고 간장물을 부은 후 냉장보관한다.

통마늘간장피클

보관 기간	2개월 이상
보관 장소	상온에서 숙성 후 냉장고
먹는 시점	20일 후

마늘은 강한 냄새를 제외하고는 100가지 이로움이 있다고 하여 일해백리—一害百利라고 부를 정도로 건강한 식재료다. 매운맛이 강하기 때문에 다져서 양념에 첨가하는 정도로 사용되지만 한식 양념에 거의 대부분 들어갈 정도로 우리에게는 익숙하다.

마늘에 들어 있는 알리신 성분은 매운맛과 동시에 독한 냄새를 풍기는데 이 냄새는 입은 물론 몸 전체에서 난다. 알리신은 강력한 살균, 항균작용을 하여 식중독균을 죽이고 위궤양을 유발하는 헬리코박터 파이로리균까지 죽이는 효과가 있다. 또한 소화를 돕고 면역력도 높이며, 콜레스테롤 수치를 낮추는 역할도 한다.

알알이 떼어 만들어도 되지만, 통으로 피클을 담가 한 끼에 한두 개 정도 꺼내 먹으면 편리하다. 마늘피클은 숙성하면서 종종 초록색으로 변하기도 하는데, 이는 효소가 식초와 만나 일어나는 녹변현상으로 점차 없어진다. 숙성할 때 직사광선을 피하면 녹변현상을 막을 수 있다.

tip

• **재료**
통마늘 10통
간장물▶ 식초 4컵, 간장 1컵, 설탕 1/4컵, 소금 2큰술

• **만드는 법**
❶통마늘은 겉껍질을 2겹 정도 벗기고 뿌리를 잘라낸 다음 대를 1cm 정도 남기고 잘라 깨끗이 씻는다. ❷저장용기에 통마늘을 담고 식초를 푹 잠기도록 부어 10일 정도 시원한 곳에 둔다. ❸식초의 반을 따라낸 후 간장, 설탕, 소금을 섞어 붓고 3~4일 상온에서 숙성시킨다. ❹국물을 따라내 끓인 후 식혀서 다시 붓는 과정을 2~3회 되풀이한다.

마늘종 간장 피클

보관 기간	2개월
보관 장소	하루 상온보관 후 냉장고
먹는 시점	1주일 후

····· 알싸한 맛이 특징인 마늘종은 난지형과 한지형으로 구분하며 한지형은 마늘의 쪽수가 6쪽 내외로 6쪽 마늘이라고 불리는 마늘의 줄기다.

마늘종이 가지고 있는 알리신 성분은 면역증강 작용과 항암작용을 하며, 한약학에서는 따뜻한 성질로 위장과 심장의 혈액순환을 돕는 역할을 해서 수족냉증에 효과적이라고 한다. 열량이 적고 저지방으로 다이어트를 할 때 섭취하면 좋다. 또한 마늘종을 꾸준히 먹으면 콜레스테롤 수치를 낮춰주어 고혈압과 복부 비만, 고지혈증, 당뇨 등 여러 신진대사 관련 질환이 한꺼번에 발생하는 대사증후군 개선에 효과를 볼 수 있다. 살균작용을 도와 음식의 세균번식을 막아주는 효능도 있어서 여름철 다른 음식과 함께 먹기에 좋은 음식이다.

마늘종은 굵기가 일정하며 단단한 것을 고르고 사용 후 남은 것은 밀폐용기에 넣어 서늘한 곳에 보관한다.

tip

• **재료**

마늘종 300g
간장물▶ 다시마 육수 1컵, 간장·국간장·식초 1/2컵씩, 설탕 1/4컵

• **만드는 법**

❶마늘종은 끝부분을 잘라내고 씻은 후 5cm 길이로 자른다. ❷저장용기에 마늘종을 차곡차곡 담은 후, 분량의 간장물을 한소끔 끓여 붓는다. ❸완전히 식으면 뚜껑을 닫아 상온에 하루 정도 둔 후 냉장보관한다.

방풍나물
간장피클

보관 기간	2개월
보관 장소	반나절 상온보관 후 냉장고
먹는 시점	1주일 후

· · · · · 방풍은 본래 바닷가 모래사장에서 자생하는 약용·식물로 줄기가 1m가량 되며 뿌리는 10~20cm의 방추형으로 병풍나물, 갯방풍, 갯기름나물로도 불린다. 성질이 따뜻하고 맛이 달면서도 매운맛이 나며 독이 없고 어린 식물일 때는 맛과 향기가 좋다. 한방에서는 두해살이 뿌리를 감기, 두통, 발한, 거담에 약으로 사용하고 있다.

피부질환에 효과적인데 특히 습진에 좋다. 즙을 내어 환부에 바르던 가려움, 염증증상을 완화시켜준다. 근육통, 두통, 신경통 등 각종 통증에 효과적이며 평소 방풍나물을 꾸준히 먹으면 통증완화에 효과를 볼 수 있다. 심신을 안정시켜주는 데도 효과적이며 신경이 예민해지고 이로 인해 불면증까지 이어지는 증상을 완화시켜주어 진정작용을 돕는다. 코감기를 비롯해 목감기 등의 호흡기 질환에도 좋다.

맛과 향이 좋아 쌈채소로 먹기도 하지만, 진한 향을 이용하여 피클로 만들어 고기쌈으로 곁들이면 좋다.

• **재료**
방풍나물 300g
간장물▶ 간장 1/2컵, 물·식초 1컵씩, 설탕 1/4컵

• **만드는 법**
❶방풍나물은 잘 다듬어 끓는 물에 10초 정도만 데친 후 채반에 올려 빠르게 식힌다. ❷분량의 간장물을 한소끔 끓인 후 식힌다. ❸저장용기에 방풍나물을 넣고 간장물을 부어 상온에 반나절 둔 후 냉장보관한다.

명이나물
간장피클

보관 기간 2개월 이상
보관 장소 하루 상온보관 후 냉장고
먹는 시점 1주일 후

· · · · · 명이나물은 자양강장효과가 좋아 '신선초', '명의나물'이라고도 불린다. '명의'라는 별명은 조선시대, 울릉도로 이주했던 100여 명이 겨우내 육지에서 가져간 식량이 떨어져 굶어 죽기 직전, 눈을 뚫고 돋아난 산마늘 싹을 발견하였는데 이것으로 3개월 정도의 겨울을 넘길 수 있었다고 한 데서 유래되었다.

몸을 따뜻하게 하여 소화를 촉진시켜주며 신진대사를 좋게 해준다. 염증이나 상처가 빨리 아무는 효과 또한 탁월하고 기생충의 독을 완화시키는 효과도 있는데, 뱀이나 해로운 기생충에 물렸을 때에도 명이나물을 섭취하면 몸을 따뜻하게 하여 독의 저항력을 높여준다. 명이나물의 잎은 비타민과 미네랄의 함량이 높아 비타민 B군의 체내 흡수율을 촉진시키는 생약제 및 기능성 식품으로도 주목을 받고 있다.

마늘과 맛, 향이 흡사하며 연한 잎을 잎자루째 뜯어서 장아찌를 담그거나 된장에 넣어서 박이를 만들기도 한다. 고기를 먹을 때 쌈으로 곁들이면 고기의 누린내가 적어지고 독특한 향을 즐길 수 있으며 소화도 도와준다.

tip

· **재료**
명이나물 300g
간장물▶ 물 1컵, 식초·매실액 1/2컵씩, 국간장 1/4컵

· **만드는 법**
❶명이나물은 잘 다듬어 깨끗이 씻은 후 물기를 제거한다. ❷저장용기에 20장씩 방향을 엇갈리게 하여 담고 분량의 간장물을 한소끔 끓여 붓는다. ❸완전히 식으면 뚜껑을 닫아 하루 정도 상온에 둔 후 냉장보관한다. ❹3일 후 국물을 따라 팔팔 끓인 후 식혀 붓는 과정을 2회 반복한다.

여주 간장 피클

보관 기간	2개월
보관 장소	하루 상온보관 후 냉장고
먹는 시점	1주일 후

· · · · · 일본식으로 고야라고도 불리는 여주는 열대 아시아가 원산지인 채소다. 일본 오키나와의 특산물로 한국에 알려졌는데 쌉쌀한 맛을 가진 것이 특징으로 입맛을 돋우고 깔끔한 맛이 일품이다.

여주에 함유된 비타민 C는 가열해도 쉽게 파괴되지 않아 볶음 요리에 사용하면 좋다. 육류, 달걀, 콩류와 함께 볶으면 여주의 쌉쌀한 맛을 완화할 수 있다. 천연 인슐린이라고 불릴 정도로 당뇨가 있는 사람에게 좋고, 지방분해 효과가 있어 다이어트에 도움이 되며, 심근경색 등 심혈관질환 등에도 효과가 있다.

여주를 고를 때는 겉면이 상하지 않고, 단단하며 초록빛이 나는 것을 고른다. 냉장보관하면 신선도가 떨어지므로 빨리 조리하여 먹도록 한다. 울퉁불퉁한 표면은 소금으로 문질러 씻은 후 세로 방향으로 반 자른다. 안의 씨는 숟가락을 이용하여 제거하거나 칼로 도려내도록 한다

· 재료
여주 2개, 베트남고추 4개, 통후추 약간
간장물▶ 물 1컵, 간장 1/2컵, 식초·설탕 1/4컵씩, 소금 1작은술

· 만드는 법
❶여주는 굵은 소금으로 문질러 씻고 세로로 2등분하여 안의 씨를 숟가락으로 제거한다. ❷0.7cm 두께로 잘라 저장용기에 월남고추, 통후추와 함께 담는다. ❸분량의 간장물을 한소끔 끓여 붓고, 완전히 식으면 뚜껑을 닫아 상온에 하루 정도 둔 후 냉장보관한다.

chapter

05

—

장아찌

—

장아찌

미 니 양 파 장 아 찌

보관 기간 　2개월 이상
보관 장소 　2주일 상온보관 후
　　　　　냉장고
먹는 시점 　3주일 후

····· 앙증맞은 모양의 미니양파는 조생종(같은 종의 작물 중에서, 표준적인 개화기의 것보다 일찍 꽃이 피고 성숙하는 종)으로 일반 양파에 비하여 단맛이 높고, 수분 함량이 적으며 식감이 좋아 피클 또는 장아찌용으로 적합하다.

양파의 유화프로필이라는 성분이 혈당치를 낮추는 데 효과가 뛰어나 당뇨병 예방과 치료에 도움이 되며 혈당은 떨어뜨리지 않고 높은 혈당만 내려주어 정상혈당이 되면 멈추게 해주기 때문에 당뇨병 환자들에게 많이 추천되는 식품이다. 세균으로 인한 식중독이 많이 발생하는 여름철에 양파를 먹으면 좋다. 양파는 강한 살균력을 지니고 있어 대장균이나 식중독을 일으키는 살모넬라균을 비롯한 병원균을 죽여 식중독을 예방하기 때문이다.

미니양파가 없을 때는 일반 양파를 잘라 사용해도 되지만, 미니양파는 자르지 않은 채 그대로 피클, 장아찌를 담을 수 있고, 한 끼에 한두 개씩 꺼내 먹기에 좋은 편리함도 있다.

tip

• 재료
미니 양파 20개
장아찌물▶ 간장·물 2컵씩, 식초·설탕 1컵씩, 소금 1작은술

• 만드는 법
❶양파는 큰 것은 반으로 잘라 저장용기에 담는다. ❷분량의 장아찌물을 한소끔 끓여 양파에 붓는다. ❸1주일 정도 상온에 둔 후 국물을 따라 다시 끓여 완전히 식힌 후 붓는다. ❹다시 1주일 후 국물을 따라 끓여 완전히 식힌 후 부어 냉장보관한다.

깻 잎 장 아 찌

····· 하루 종일 에어컨 바람을 쐬거나 창문을 열어놓고 자는 바람에 여름 감기에 걸리는 사람이 깻잎을 자주 먹으면 감기 예방에 좋다. 깻잎에 풍부한 비타민 C가 백혈구의 활동을 원활하게 하고 항바이러스성 단백질인 인터페론 생성을 도와 바이러스 감염을 줄이는 데 도움을 주기 때문이다.

또한 깻잎에 들어 있는 루테올린 성분은 염증 완화와 항알레르기 효능이 있어 재채기나 콧물, 기침증세를 줄여주는 데 효과적이다. 따라서 깻잎을 꾸준히 섭취하면 감기를 예방하는 데 도움을 받을 수 있다.

단, 깻잎에 함유되어 있는 비타민 C는 불안정한 화합물이어서 조리 과정에서 잘 파괴된다. 그러므로 되도록이면 생으로 먹거나 탕에 넣을 경우 먹기 직전에 넣는 것이 좋으며, 피클 또는 장아찌로 만들어 보관해 두고 먹는 것이 좋다.

- **재료**
깻잎 100장
장아찌물▶ 간장·멸치육수 1컵씩, 물엿 1/2컵

- **만드는 법**
❶깻잎은 깨끗이 씻어서 물기를 제거한다. ❷멸치육수에 간장을 넣고 끓이다가 물엿을 넣고 한소끔 끓인 후 식힌다. ❸용기에 깻잎을 넣고 식힌 장아찌물을 부어 하루 정도 상온에 둔 후 냉장보관한다.

알마늘장아찌

보관 기간   2개월 이상
보관 장소   상온보관 또는 1주일
            상온보관 후 냉장고
먹는 시점   1개월 후

..... 마늘에 항암효과, 항산화효과, 항균효과 등이 있음이 밝혀지면서 건강 식품으로 대두되고 있다. 실제로 마늘은 우리나라 대표음식인 김치를 비롯해 고유의 맛과 향을 필요로 하는 대부분의 음식에 활용되고 있다.

마늘에서 이러한 효과를 내는 성분은 알리신과 디설파이드계의 물질로 이들은 식초나 간장에 절여도 파괴되거나 변성을 일으키지 않는다. 그러므로 장아찌로 먹거나 익혀서 먹어도 그 효과는 거의 동일하다고 할 수 있다. 마늘은 인체의 면역력과 저항력을 향상시키고 체력증진을 통해 노화를 지연시켜 세포를 활성화하는 작용을 한다. 또한 피 속에 있는 콜레스테롤과 트리글리세리드의 농도를 낮추고, 마늘 추출물은 심장박동수를 줄이고 심장의 수축력을 강화하며 실핏줄을 확장시킴으로써 고혈압을 치료하고 뇌중풍을 예방하는 작용을 하기도 한다.

식사 중 한두 알 먹는 것만으로도 입맛이 돌고, 입안이 개운해지는 것을 느낄 수 있다.

tip

- **재료**
알마늘 3컵
장아찌물▶ 식초·물 1컵씩, 간장·설탕 1/2컵씩, 소금 1큰술

- **만드는 법**
❶마늘은 알알이 깨끗이 씻어 준비한다. ❷식초, 물, 소금을 잘 섞어 마늘이 잠길 정도로 붓고 1주일 정도 두어 아린 맛을 제거한다. ❸식촛물을 따라내서 간장, 설탕을 넣고 한소끔 끓여 식힌다. ❹알마늘에 다시 부은 후 상온 또는 냉장보관한다.

오 이 지

보관 기간 2개월 이상
보관 장소 상온보관 또는 2주일
　　　　　상온보관 후 냉장고
먹는 시점 2일 후

····· 오이지는 여름철 우리나라 저장음식의 대표격이다. 예전부터 우리 조상들은 삼복 더위나 장마철에 대비하여 짭짤하게 장아찌를 만들어 상하지 않게 보관해 두었다가 먹었다. 오이지를 만들 때는 항아리에 다다기오이를 켜켜이 넣고 오이가 살짝 덮일 정도로 소금을 뿌린 후 또 오이를 한 커 넣고 소금을 뿌리는 식으로 여러 커를 만들어 돌로 늘러 그늘에서 익힌다.

또는 오이를 항아리에 담고 돌로 눌러 떠오르지 않게 한 다음 소금물을 팔팔 끓여서 붓고 뚜껑을 닫는다. 이렇게 하면 오이껍질이 뜨거운 소금물에 데쳐져 빛깔이 선명하고 오돌오돌한 탄력이 생기게 되는데 새콤하게 익었을 때 썰어서 양념에 무치거나 짠무처럼 냉수에 띄워서 시원하게 만들어 먹으면 그 맛이 일품이다.

미리미리 만들어 두면 한여름에 반찬 걱정을 덜 수 있다.

tip

• 재료
다다기오이 10개
장아찌물▶ 물 1.2L, 천일염 120g

• 만드는 법
❶다다기오이는 깨끗하게 씻은 다음 물기를 빼서 준비한다. ❷분량의 물에 천일염을 넣어 끓인다. ❸저장용기에 오이를 담고, 끓인 소금물을 부은 후 위에 무거운 그릇이나 돌을 올려놓는다. ❹1주일 후 국물을 따라내어 다시 끓여서 식힌 후 붓는다.

• 주의사항
소금물은 10%의 농도로 만들어 부으면 적당하다. 처음에는 뜨거운 소금물을, 그 후에는 끓여서 식힌 소금물을 붓는다.

무 고 추 장 박 이

보관 기간	2개월 이상
보관 장소	상온보관
먹는 시점	2개월 후

····· 무장아찌는 소금에 절여 물기를 뺀 무를 고추장이나 간장으르 숙성시킨다. 만드는 방법은 지역에 따라 다른데 일반적인 방법은 무를 반 갈라서 끓여 식힌 간장물을 붓고 1개월 후 꺼내어 고추장에 2개월쯤 박아서 숙성시키는 것이다. 먹을 때는 썰어서 갖은 양념에 무친다.

무에는 전분을 분해하는 효소인 아밀라아제(디아스타아제)가 많다. 드한 단백질 분해효소인 프로테아제, 지방 분해효소인 리파아제도 소량 함유되어 있는데 이들 효소는 몸 안에서 소화를 도와주어 숙취, 속쓰림, 위산과다, 위가 더부룩할 때 좋다. 무에 있는 수용성 식이섬유는 혈중 콜레스테롤과 결합해 이를 몸 밖으로 배출시키는 작용을 하기 때문에 콜레스테롤 수치를 줄이는 데 도움을 준다. 또한 불용성 식이섬유는 장운동을 촉진시키고 수분을 흡수하기 때문에 변비를 예방하고 정장 작용에 도움을 준다.

고추장에 박아둔 무장아찌는 가늘게 채 썰어 참기름, 통깨, 종종 선실파로 조물조물 무쳐서 먹으면 맛있다.

· 재료
무 1개, 천일염 1/2컵, 고추장 적당량

· 만드는 법
❶무는 깨끗이 다듬어 씻고 반으로 자른 후 다시 길쭉하게 4등분하여 ㅎ·룻동안 소금에 절인다. ❷물기를 꽉 짠 무를 햇볕에 말린다. ❸무가 꾸덕두덕하게 마르면 고추장에 버무려서 항아리에 담아 삭힌다.

콩잎된장박이

보관 기간	2개월 이상
보관 장소	상온보관
먹는 시점	1개월 후

····· 콩잎은 열대지역에서부터 온대 북부지역까지 널리 재배되며, 여름 작물로 높은 온도와 습도가 필요하나 재배가 용이하므로 동양에서는 오래 전부터 이용해왔다.

콩잎에는 비타민이 풍부하고 이소플라빈, 플라본, 플라보놀 등과 같은 생리활성 물질이 많이 들어 있다. 이소플라빈은 유방암, 당뇨병, 비만과 같은 성인병 예방에 효과적이며 항산화 효능을 가지고 있어 고지혈증, 동맥경화에 아주 뛰어난 효과를 낸다. 혈액 내의 산화를 탁월하게 억제하여 동맥경화 예방을 도와준다. 또한 콩잎에는 생리활성 물질이 들어 있는데, 이것은 대사증후군을 치료하고 예방하는 데 특효가 있다. 또한 지방흡수를 억제하는 데 좋아 다이어트에도 탁월하다.

콩잎을 이용하여 쌈, 피클, 물김치 등으로 만들어 입맛이 없을 때 먹으면 좋다. 된장에 오랫동안 박아두어야 하므로, 먹을 때 편리하도록 10장 또는 20장씩 실로 묶어 저장하는 것이 좋다.

· 재료
콩잎 300g, 된장 500g

· 만드는 법
❶콩잎을 깨끗이 씻어서 물기를 제거하고 차곡차곡 포개어 한 끼 먹을 양을 실로 묶는다. ❷저장용기 밑에 된장을 깔고 실로 묶은 콩잎을 펴놓은 다음 된장을 콩잎 위에 얇게 펴서 덮는다. ❸이 과정을 여러 차례 반복하고 맨 위에는 된장을 넉넉히 덮는다. 1개월 후부터 먹기 시작한다.

마늘종 &
마늘장아찌

보관 기간 2개월
보관 장소 5일 상온보관 후 냉장고
먹는 시점 5일 후

····· 마늘종은 마늘속대 또는 마늘싹이라고도 한다. 녹황색 채소로 분류되며, 꽃대가 완전히 자란 마늘의 꽃줄기를 식용으로 한다. 마늘 특유의 매운맛을 지니고 있지만 마늘만큼 냄새가 심하지 않아 많은 양을 먹을 수 있다. 신선하고 아삭아삭한 맛을 즐기려면 6월에 생산된 것이 좋다. 신선한 것은 진한 녹색을 띠며 줄기가 곧고 탄력이 있다. 누런빛을 띠고 억센 것은 오래된 것이다.

방향 성분인 유화알릴이 함유되어 있어 비타민 B군의 흡수를 촉진시키기 때문에 강장작용과 항균 및 항산화 작용을 한다. 또한 비타민 C가 다량으로 함유되어 있고, 식물성 식이섬유의 함량도 많은 편이어서 동맥경화 및 암의 예방 효과를 기대할 수 있다. 혈액순환을 원활하게 해서 몸을 따뜻하게 하는 작용도 하므로 몸이 찬 여성들이 먹으면 좋다. 비타민 A를 효과적으로 섭취하려면 생으로 또는 가볍게 볶아 먹는 것이 좋다. 데쳐서 나물이나 무침에 이용하거나 장아찌를 만들어 먹으면 식물성 식이섬유를 풍부하게 섭취할 수 있다. 여기에 알마늘을 곁들여 알싸한 맛과 영양을 더하였다.

• 재료

마늘종 300g, 알마늘 100g

절임물▶ 소금 3큰술, 물 3컵, 식초 1컵

양념장▶ 고운 고춧가루·고추장 1/3컵씩, 매실액 1/4컵, 간장 1큰술, 통깨 약간

• 만드는 법

❶마늘종은 5cm 길이로 자르고, 마늘은 깨끗이 씻어 물기를 제거한다. ❷마늘종과 마늘에 분량의 절임물을 넣고 위를 그릇으로 눌러 5일간 상온에서 숙성시킨다. ❸마늘종과 알마늘을 건져낸 후 분량의 양념장으로 버무린다.

매 실 장 아 찌

보관 기간   2개월 이상
보관 장소   1주일 상온보관 후
                  냉장고
먹는 시점   1주일 후

····· 매화나무의 열매인 매실은 식용하거나 약용으로 이용한다. 매실은 신맛이 특징으로 산미로 인하여 타액선이 자극되어 침의 분비를 왕성하게 한다. 침의 분비는 건강의 척도라고도 할 수 있어 건강할수록 침의 분비도 비례적으로 많아지는데, 매실은 침의 분비가 적은 환자나 노인들에게 좋다. 유기산 중에서도 시트르산(구연산)의 함량이 다른 과일에 비해 월등히 많다. 시트르산은 섭취한 음식을 에너지로 바꾸는 대사작용을 돕고 근육에 쌓인 젖산을 분해해 피로를 풀어주며, 칼슘의 흡수를 촉진하는 역할도 한다. 한편, 매실에 함유된 피루브산은 간의 해독작용을 도와주며, 카테킨산은 장 속의 유해 세균 번식을 억제하므로 매실차를 만들어 먹으면 좋다.

일본에서는 매실을 소금에 절인 다음 차조기 잎을 넣어 만든 매실장아찌를 '우메보시'라 하여 식품으로 애용한다. 매실장아찌는 식욕을 증진시키고 메스꺼움을 가라앉히며 어깨가 자주 결리거나 요통이 있을 때도 좋고, 성호르몬 분비도 촉진하는 것으로 알려져 있다.

tip

· 재료
매실 500g, 설탕 500g
양념장▶ 고추장·참기름·통깨 적당량씩

· 만드는 법
❶매실은 채반에 올려서 흐르는 물에 깨끗이 씻는다. ❷이쑤시개를 이용하여 매실의 꼭지를 제거하고 씨를 뺀 후 과육만 도려낸다. ❸저장용기에 매실과 설탕을 켜켜이 넣는다. 매실 위에 설탕을 덮어줘야 공기가 들어가지 않아서 곰팡이가 생기는 것을 방지할 수 있다. ❹1주일 정도 상온에서 숙성시킨 후 냉장보관한다. 조금씩 꺼내서 양념장으로 조물조물 무쳐 먹는다.

파래김장아찌

보관 기간 2개월
보관 장소 냉장고
먹는 시점 1주일 후

····· 우리에게 너무나도 익숙한 김은 생각 외로 많은 효능을 가지고 있다. 뼈에 좋은 칼슘이 풍부하게 함유되어 있어 골밀도가 떨어진 여성이나 성장기 어린이에게 좋은 음식이다. 또한 타우린 성분이 풍부해 치매예방에도 효과적이다. 김을 꾸준히 먹으면 혈관질환 예방과 개선에도 도움이 되어서 고혈압이나 동맥경화에도 효능이 좋은 것으로 알려져 있다.

김은 습기와 공기가 차단되는 비닐봉지나 지퍼백에 담아 보관한다. 밀폐용기에 넣을 때는 습기 제거팩과 같이 넣어 보관하는 것이 좋고, 신문지에 포장해서 공기가 차단된 비닐봉지에 넣은 다음 냉장실에 보관하면 1년 넘게 보관이 가능하다. 저장량이 많을 경우에는 1회 분량씩 나눠 냉동고에 보관한다.

눅눅해진 김이 있다면, 장아찌를 만들어 먹는 것도 좋은 방법이다. 네모난 모양을 그대로 살려 만들어도 되지만, 파래김과 같이 풀어지기 쉬운 것은 모양이 없는 상태로 으깨서 만들어도 좋다.

tip

• **재료**
파래김 40장
장아찌물▶ 물·올리고당 1컵씩, 간장 1.5컵, 설탕 2큰술

• **만드는 법**
❶김은 세로로 2등분한 후 다시 4등분한다. ❷분량의 장아찌물을 냄비에 붓고 센불에서 끓이다가 끓기 시작하면 약불에서 5분간 끓인 후 식힌다. ❸저장용기에 김을 엇갈려 넣은 후 식힌 장아찌물을 부어 냉장보관한다. ❹3일 후 젓가락으로 저어 곱게 풀고 1주일 후부터 먹기 시작한다.

북어고추장박이

보관 기간 1개월
보관 장소 하루 상온보관 후 냉장고
먹는 시점 1주일 후

····· 북어는 명태를 건조한 것으로 식감만큼은 명태에 뒤지지 않는다. 특히 단백질과 아미노산의 함량이 생태보다 5배 정도 많아 숙취 해소와 알코올 해독에 좋다. 보통 북어는 시원한 탕, 국, 북어보푸라기, 쿡어조림, 무침 등 다양한 요리로 이용된다.

북어는 양질의 단백질이 풍부하면서도 지방질이 적은 식품이다. 또한 맛이 담백하고 간을 보호해주는 아미노산 성분이 많아 해장국으로 많이 애용된다. 북어는 열량이 높으므로 체중감량을 계획한다면 과잉 섭취를 피하도록 한다.

품질이 가장 좋은 북어는 더덕북어라고 하는데 빛이 누렇고 살이 연하다. 부드럽고 도톰한 것이 신선하고 좋은 북어이므로 구입할 때 참고하도록 한다. 북어를 손질할 때는 물에 적셔 촉촉하게 만든 후 거즈에 싸서 방망이로 두드려 부드럽게 만든 후 사용하면 더욱 좋다.

여기서는 통북어를 잘라 사용하였지만, 시판되고 있는 북어채를 사용해도 좋다.

tip

· **재료**
북어 2마리
양념장▶ 고추장 1/2컵, 간장 2작은술, 고춧가루·멸치액젓 1큰술씩, 매실액 5큰술, 설탕 4큰술

· **만드는 법**
❶북어는 물에 적셔 30분간 불린다. ❷북어가 부드럽게 되면 가위로 머리는 잘라내고 살은 3cm 폭으로 자른다. ❸북어를 분량의 양념장으로 무쳐서 하루 정도 상온에 둔 후 냉장보관한다.

삭힌
고 추 장 아 찌

보관 기간	2개월 이상
보관 장소	2주일 상온보관 후 냉장고
먹는 시점	2주일 후

···· 고추를 새콤달콤하게 만드는 피클이나 장아찌와 다르게 소금 물에 절이는 것을 삭힌 고추라고 한다. 칼국수집에서 양념장으로 나오거나 고깃집 곁들임 반찬으로, 또는 동치미 만들 때 사용하게 된다.

새콤달콤한 피클이나 장아찌와 다르게 깊은 맛을 지니고 있는데, 삭힌 고추를 통째로 또는 알맞게 잘라 매운 양념으로 무쳐 먹는다. 또는 고추장에 박아두어도 된다.

삭힌 고추는 약방의 감초처럼 조금씩 첨가하는 것만으로도 깊고 진한 맛을 내며, 자칫 밋밋해질 수 있는 음식에 포인트를 줄 수 있다. 입맛이 없는 계절에 입맛을 돋아주는 밑반찬으로 만들어 두면 여러모로 활용도가 높다.

너무 맵지 않도록 청양고추보다는 풋고추를 사용하여 담그는데, 청양고추를 조금 첨가하여 매운맛을 더해도 좋다.

tip

• 재료
풋고추 300g
절임액▶ 물 2컵, 소금 40g
양념장▶ 고운 고춧가루 1/2컵, 다진 마늘·매실액 1/4컵씩, 간장 1큰술, 통깨 약간

• 만드는 법
❶풋고추는 깨끗하게 씻어 물기를 제거한 후 이쑤시개로 3~4군데 구멍을 낸다. ❷저장용기에 풋고추를 담고, 절임액을 부어서 2주간 상온에서 삭힌다. (위로 뜨지 않도록 그릇으로 눌러준다.) ❸삭힌 풋고추는 물에 담가 소금 기를 제거한 후 분량의 양념장으로 버무린다.

더덕고추장박이

･････ 인삼의 사촌쯤 되는 더덕은 향과 맛으로 입맛을 회복시켜주는 건강 음식이다. 사삼이라고 불리기도 하며 식이섬유와 무기질이 풍부하여 건강에 좋은 식재료로 널리 알려져 있다.

더덕의 진액과 쓴맛은 사포닌이라는 물질 때문인데 사포닌은 인삼의 주요 성분으로 혈액순환과 정력증강의 효과를 갖는 것으로 유명하다. 사포닌 성분은 원기회복 이외에도 가래 해소에 효과가 있다.

골이 깊고 속이 희며 곧게 자란 것으로 굵을수록 맛과 효능이 뛰어나다. 크기가 지나치게 크거나 작은 것은 제맛이 나지 않는다.

더덕은 쓴맛이 강하여 고추장 등의 양념으로 쓴맛을 완화시켜 먹으면 좋다. 더덕의 껍질을 벗길 때는 물에 불리거나 불에 살짝 구우면 쉽게 벗길 수 있다. 떫고 쓴맛을 줄이려면 껍질을 깐 더덕을 식촛물에 잠시 담가두었다 사용해도 좋다. 고추장에 박아둔 더덕은 고추장을 잘 털어낸 후 잘게 찢어 참기름, 통깨, 종종 썬 실파를 넣고 버무려 먹으면 된다.

• **재료**
더덕 300g, 고추장 500g

• **만드는 법**
❶더덕의 껍질을 벗겨 채반에 넓게 펴서 수분이 절반 정도 남을 때까지 말린다. ❷저장용기에 더덕을 담고 고추장을 윗부분까지 채운다. ❸2개월 지난 후부터 꺼내 먹는다.

양 념 깻 잎

보관 기간	2개월 이상
보관 장소	반나절 상온보관 후 냉장고
먹는 시점	1주일 후

····· 깻잎은 마트에서 일년 내내 구입할 수 있기 때문에 제철을 모르는 경우가 많다. 봄에 나는 햇깻잎은 아린 맛이 나는데 익히면 바짝 줄어들게 된다. 장아찌에 좋은 깻잎은 단풍이 들 즈음인 가을철 깻잎인데, 잎이 얇고 부드럽다.

고를 때는 잎이 짙은 녹색이며 부드러운 것이 좋은데 줄기가 마르지 않고 크기가 일정한 것이 좋다. 잎이 너무 크면 질기고 맛이 좋지 않다.

벌레 먹은 것을 골라내고 흐르는 물에 한 장씩 잡고 깻잎의 뒷면을 중심으로 깨끗이 씻어 물기를 뺀다. 탁탁 털어 채반에 엎어 놓으면 물기가 빠진다.

깻잎의 꼭지를 가지런히 놓고 칼이나 가위로 자르고, 사용하고 남은 깻잎은 키친 타월로 물기를 잘 닦아 비닐팩에 넣어 냉장고에 두면 1주일 정도는 보관이 가능하다.

• 재료

깻잎 120장
절임액▶ 물 5컵, 소금 100g
양념장▶ 멸치육수·멸치액젓 1/3컵씩, 고춧가루 4큰술, 간장·올리고당·매실
　　　　　액 2큰술씩, 다진 마늘 1큰술, 다진 양파·다진 파·통깨 약간씩

• 만드는 법

❶깻잎은 깨끗이 씻은 후 절임액에 담가 상온에서 1주일간 삭힌다. (위로 뜨지 않도록 그릇으로 눌러준다.)　❷삭힌 깻잎은 물에 담가 소금기를 뺀 후 물기를 제거한다.　❸분량의 양념을 섞은 후 깻잎 3장당 1번씩 양념장을 얇게 바른다.　❹상온에 반나절 숙성시킨 후 냉장보관한다.

노 각 장 아 찌

보관 기간 2개월 이상
보관 장소 1주일 상온보관 후
          냉장고
먹는 시점 1주일 후

····· '늙은 오이'라고 불리는 노각은 수분 함량이 높고 칼슘, 식이섬유가 많아 갈증 해소와 피로 회복에 좋은 채소다. 노각은 껍질에 가시가 없으며 노란 빛깔을 띤다.

노각은 칼륨이 풍부해서 체내 노폐물 배출에 도움을 주는데 체내의 과잉 나트륨을 체외로 배출시키는 작용을 하여 혈압 강하에 효과가 좋다. 수분과 식이섬유가 많아 포만감이 높기 때문에 식사량을 줄여주며, 칼로리가 낮아 다이어트에 효과적이다. 노각에 있는 아스코르브산아제라는 효소는 비타민 C를 파괴하는데, 산성에 약하므로 식초를 조금 치면 비타민 C의 손실을 막을 수 있어 식초를 사용하는 새콤한 음식과 궁합이 좋다.

들어보았을 때 무겁고 꼭지가 마르지 않은 것을 고르고, 껍질을 벗기지 않은 채 반을 잘라 씨를 제거하여 장아찌로 사용한다. 장아찌를 담근 노각은 얇게 잘라 고추장양념에 무쳐 먹으면 여름철 반찬으로 제격이다.

tip

• 재료
노각 2개
장아찌물▶ 소금 · 설탕 · 식초 1컵씩

• 만드는 법
❶노각을 씻어서 세로로 2등분하여 속을 숟가락으로 파낸다. ❷저장용기에 노각을 소금과 설탕을 섞어 뿌려가며 켜켜이 담는다. ❸식초를 부은 후 우에 무거운 그릇을 올린다. ❹상온에서 2일 숙성시킨 후 장아찌물을 따라 팔팔 끓인다. ❺완전히 식혀서 노각에 붓는 것을 2일 간격으로 2회 반복한 후 냉장보관한다.

목이버섯장아찌

보관 기간	2개월
보관 장소	냉장고
먹는 시점	3일 후

·····　목이木耳라는 이름은 사람의 귀와 닮았다고 하여 붙여진 것인데 검은색 목이버섯과 흰색 목이버섯이 있다. 중국에서는 흰색 목이버섯을 불로장생하게 하는 귀한 버섯이라 여기며, 우리나라에서는 주로 검은색 목이버섯을 강원도, 전라북도, 경상북도에서 재배하여 식용하고 있다.

목이버섯은 독특한 맛과 식감뿐만 아니라 갖가지 효능도 뛰어난데, 식이섬유 함량이 매우 높고 비타민 D가 풍부하여 여성 건강에 좋은 식재료다. 또한 칼슘 함량이 높아 목이버섯을 섭취하면 뼈 관련 질병을 예방하는 효과를 볼 수 있다.

목이버섯은 표면이 갈라지지 않은 것을 고르고 습기에 노출되지 않도록 신문지에 싸서 보관한다. 보통 말린 것이 유통되므로, 미지근한 물에 충분히 불려서 사용한다. 가운데 부분에 이물질이 많이 붙어 있는데 불린 후 그 부분을 깨끗하게 닦아서 사용한다.

간장으로 장아찌를 만든 후 먹을 때는 참기름으로 가볍게 무쳐 먹으면 더욱 맛이 좋다.

- 재료
불린 목이버섯 3컵, 마늘 3톨, 건고추 2개
장아찌물▶ 간장 1/2컵, 물 1컵, 설탕 1/3컵

- 만드는 법
❶불린 목이버섯은 깨끗이 씻은 후 물기를 꼭 짠다.　❷마늘은 얇게 편 썰고 건고추는 링 모양으로 가늘게 자른다.　❸저장용기에 목이버섯, 마늘, 건고추를 담고 분량의 장아찌물을 한소끔 끓여 붓는다.　❹완전히 식은 후 뚜껑을 닫아 냉장보관한다.

죽 순 장 아 찌

보관 기간 2개월
보관 장소 하루 상온보관 후 냉장고
먹는 시점 1주일 후

····· 촉촉하면서도 아삭한 식감을 가진 죽순은 봄철이 제철인 대나무의 새순이다. 죽순의 주성분은 당질과 단백질, 식이섬유로 변통 효과를 좋게 하여 비만을 방지하고, 죽순에 들어 있는 칼륨은 체내 나트륨 배출을 도와주므로 혈압이 높은 사람에게 특히 좋다.

생으로 유통되는 경우도 있지만 보통 통조림, 피클, 장아찌 등으로 판매되고 있다. 생죽순의 껍질은 처음에는 짙은 녹색이었다가 차차 갈색으로 변하므로 껍질 전체가 갈색을 띠는 것보다 녹색을 띠는 것이 좋다. 죽순은 떫은맛이 많이 나므로 먼저 겉껍질을 벗기고 깨끗이 씻은 뒤 냄비에 쌀뜨물을 부어 삶은 후 용도에 맞게 잘라 사용한다.

여기서는 일반적으로 쉽게 구입할 수 있는 죽순 통조림을 이용하여 장아찌를 만들어보자. 죽순의 빗살 사이사이에 껴 있는 석회질을 이쑤시개 등을 이용하여 깨끗이 제거한 후 사용한다. 석회질은 죽순을 삶아서 냉각시키는 과정에서 티로신 성분이 녹아나와 응결된 것이므로 제거한 후 사용하면 된다.

tip

· **재료**
통조림 죽순 1통
장아찌물▶ 간장·물 1/2컵씩, 설탕 1/4컵, 소금 2작은술

· **만드는 법**
❶죽순은 사이사이 석회질을 제거하며 씻은 후 끓는 물에 살짝 데쳐 채반 위에 올려 그대로 식힌다. ❷빗살 모양을 살려 알맞은 굵기로 잘라 저장용기에 가지런히 담는다. ❸분량의 장아찌물을 한소끔 끓여 붓고 완전히 식으면 뚜껑을 닫아 하루 정도 상온에 둔 후 냉장보관한다.

찾 아 보 기

지은이 **용동희**

서강대학교 화학공학 석사, 경희대학교 조리외식 석사학위를 취득한 후 각종 잡지와 신문에 요리를 연재하며 활발히 활동 중인 요리연구가 겸 푸드스타일리스트다. KBS국제방송에서 일본에 한국요리를 소개하는 코너를 진행했으며, 일본인 대상 한국요리 강좌 및 대학과 문화센터 등에서 요리 강의를 하고 있다. 또한 한국에 일본요리서를 소개하는 일본요리서 전문번역가로 활동 중이다. 지은 책으로는 『감동의 도시락』 『매일 먹는 국 찌개』 『9가지 요령으로 끝내는 뚝딱 요리 300가지』 『만들어 놓으면 든든한 밑반찬』 『김밥 주먹밥 쌈밥』 『이지 쿠킹 두부』 『찬국수』 『천연 조미료 수첩』 등이 있으며, 요리 어플리케이션으로는 《도시락 시리즈 5종》 《이유식 시리즈 3종》이 있다. 번역서로는 『샐러드 샐러드 샐러드』 『102가지 오니기리』 『샌드위치 어떻게 조립해야 하나』 『블랙 퍼스트』 등이 있다.

든든하게 보관해 두고 먹는 61가지

피클·장아찌 수첩

2014년 10월 31일 초판 1쇄 발행

지은이 | 용동희
펴낸이 | 김혜원
펴낸곳 | 주식회사 **우듬지**
주　소 | 서울특별시 강남구 논현로 71길 12
전　화 | (02)501-1441(대표) / (02)557-6352(팩스)
등　록 | 제16-3089호(2003. 8. 1)
이메일 | info@picabooks.co.kr

©(주)우듬지, 2014 printed in Korea.
편집 책임 • 한은선 | 편집 진행 • 윤유경 | 디자인 • ARIA
사진 촬영 • 한정선 | 요리 어시스트 • 김지수 이현경
ISBN 978-89-6754-038-8　13590
잘못 만들어진 책은 구입하신 곳에서 바꾸어 드립니다.